初中科学拓展阅读丛书

丛书主编 刘兵

课本上学不到de生物学 I

本册作者 刘学礼 朱长超 王传超 陈志辉 岑少宇 蒋功成

上海科技教育出版社

图书在版编目(CIP)数据

课本上学不到的生物学Ⅰ/刘学礼著.—上海:上海科技教育出版社,2013.1(2022.6重印)

(初中科学拓展阅读丛书/刘兵主编)

ISBN 978-7-5428-5526-8

Ⅰ.①课… Ⅱ.①刘… Ⅲ.①中学生物课—初中—课外读物 Ⅳ.①G634.913

中国版本图书馆CIP数据核字(2012)第205297号

丛书策划 王世平 侯慧菊 凌玲 姚建国
责任编辑 王世平 伍慧玲
装帧设计 杨静

初中科学拓展阅读丛书
丛书主编 刘兵

课本上学不到的生物学Ⅰ
本册作者 刘学礼 朱长超 王传超
陈志辉 岑少宇 蒋功成

出版发行 上海科技教育出版社有限公司
(上海市闵行区号景路159弄A座8楼 邮政编码201101)
网　　址 www.sste.com www.ewen.co
经　　销 各地新华书店
印　　刷 天津旭丰源印刷有限公司
开　　本 720×1000 1/16
字　　数 72 000
印　　张 6.5
版　　次 2013年1月第1版
印　　次 2022年6月第3次印刷
书　　号 ISBN 978-7-5428-5526-8/Q·52
定　　价 35.00元

主编的话

在有趣的阅读中提升素质

学习科学，可以是一件痛苦的事，也可以是一件愉快的事；可以为了对付考试，也可以为了提升素质。在这“两极分化”中选择哪一种，取决于学习者的立场和目标、学习的心态、学习方法；取决于现有体制和环境的有形与无形的制约；也取决于教材和学习材料。当然，这些影响学习状态、学习效果和学习目标的各种因素彼此也会相互影响，不过，如果选择一个相对现实的做法，编写理想的教材和学习材料会是积极且可行的起点。这套“初中科学拓展阅读丛书”，就是这样的努力之一，它的目标，就是让学习成为上述“二分”中积极的一方。

在对科学的学习中，课堂教学是重要的一环，当然课前的准备、课后的复习也同样重要。不过，课堂教学时间毕竟有限，凭此要达到所有应该达到的教学目标也是不可能的，这就要有课外学习的补充。然而，课外学习的补充，不应该是一个痛苦的过程，而应该是充满乐趣的，是在课程内容的基本要求之上的知识范围的延伸、相关思考的拓展和素质与能力的进一步提高。在这几个方向上，这套“初中科学拓展阅读丛书”恰恰是符合的，可以让学生在愉悦中进行轻松有趣的阅读并有所收获。这正像《美国国家科学教育标准》对科学教育设定的目标之一：“由于对自然界有所了解和认识而产生充实感和兴奋感。”

随着素质教育越来越受重视，在新课程标准中，也越来越强调能力，注意科学与人文的结合，注重科学与社会的关系，关注科学方法，关心科学的前沿进展。然而，在这种更具开放性的学习中，课本不可能面面俱到，任何一位教师也不大可能完全熟悉和充分了解扩展的所有知识。集合各有专长的专家们的优势，为课程学习的课外阅读提供相对更充分、更广泛、更有专业性和针对性，也更能以相对通俗、有趣而又准确的方式来表达的拓展性学习资源，就是此套丛书的目标之一。

不过，现实地讲，我们也得承认，现在社会上应试教育的压力仍然很大，虽然我们追求的理想是素质教育，但在有限的时间内，要完全达到理想而彻底摆脱应试教育还是相当困难的事。想要在这种理想与现实的矛盾中达到一种相对恰当的妥协，既不放弃理想，又不无视直接涉及学生发展的现实约束，这无论对于教师、教材和课外阅读材料的编写者，还是对于学习者，都是很大的挑战。这套丛书的另一个特点，就是不游离于课程标准和教材要求的知识点之外，而是从其中的若干知识点出发，进行了适度的扩展延伸。以这样的并不极端的方式，它既有提高阅读者科学素养的功能，也能在一定程度上对当下考核学生的应试需求有所满足。不过，重要的是，它绝不只是以应试为目标，希望它的读者们也能意识到这一点。

就学习科学，以及学习别的学科而言，都有一个近期目标与远期目标相统一的问题。对于学生的发展，满足当下仍以应试为主的考核方式固然是一种现实的需求，但这仅是一种短期的发展需要，从更长久的发展来看，学习者的素质是更大的"后劲"。学习合适的材料，并掌握恰当的学习方法，这两者都是不可缺少的。我们希望这套丛书的读者能够意识到这一点，能够在阅读时，不只是注意到具体知识内容的扩展，更能同时注意阅读所带来的进一步的个人思考。

最后，我们也希望读者意识到，关于科学本身和与科学相关的知识是无限的，这套丛书自然不可能囊括一切内容，它只是在课堂之外的有关科学的阅读的一个起点。

我们希望它是一个真正能够带来读者对学习科学的热爱的一个新起点。

2012年9月30日于清华大学荷清苑

目录

CONTENTS

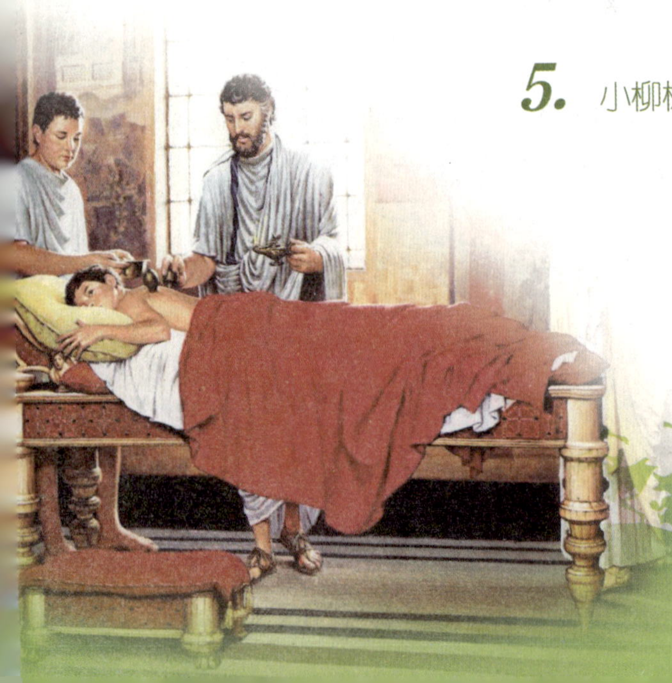

导言 生物学构筑的奇幻世界

格兰特和赛特勒是研究爬行动物的古生物学家。这一天，他们和数学家马尔科姆三人受到国际遗传科技公司的邀请，免费游览一座名为“侏罗纪公园”的恐龙主题乐园。这个公园是由公司总裁哈蒙德建立的，位于一座名叫那不勒的小岛上。一起参加这次活动的还有哈蒙德的孙子阿历克斯和孙女提姆。

一行人兴高采烈地出发了。到了岛上，他们大吃一惊——这里竟生活着一群活生生的恐龙，而恐龙早在6500万年前就已经灭绝了！这究竟是怎么回事呢？公司的科技人员向他们解释了恐龙“复活”的奥秘：一块琥珀化石中封有一只古代的蚊子，这只蚊子恰好吸了恐龙的血，科技人员从蚊子的体内提取到恐龙血液中的DNA，再利用青蛙的DNA去修补恐龙受损的DNA，以组合DNA为“蓝图”，复制出了远古时期的恐龙。国际遗传科技公司希望这些活恐龙能吸引大量游客来此观光。他们对这些恐龙实施了严密的安全监管措施，自认为万无一失。

侏罗纪公园里培养出的大恐龙

由于飓风来袭，游园草草中断。一名公园安全系统的设计师为了偷窃恐龙的DNA以牟取暴利，暗地将保安系统关闭，造成电网失效，暴龙等凶猛的肉食性恐龙纷纷跑出监管区，开始对一行人进行恐怖的捕猎！格兰特等人拼命逃亡。最终赛特勒成功开启保安系统，和格兰特等人会合。所有人最后搭乘直升机离开了侏罗纪公园这个死亡乐园。离开时，他们脚下的小岛上，恐龙们还在仰天怒吼！

看到这里是不是有点惊魂未定？这只是大导演斯皮尔伯格的著名影片《侏罗纪公园》中的情节，但是，谁能保证未来这一幕不会变成现实？让我们看看现实生活中生物学创造的奇迹吧。

只有妈妈没有爸爸的克隆羊多利

1996年7月5日，位于英国爱丁堡市郊的罗斯林研究所里诞生了一只名叫多利的羊羔，实验室编号为6LL3。这可是一只不同寻常的小羊：它只有妈妈（而且是三个妈妈），没有爸爸，是利用其中一个妈妈身上的细胞，通过生物技术无性繁殖出的小羊，所以人们叫它“克隆羊”。培育多利羊的科学家说：“小羊多利并不知道自己的身份与众不同，它像其他小羊一样吃草、睡觉和玩耍。”多利的诞生震动了整个世界，美国著名的《科学》杂志把多利的诞生评为当年世界十大科技进步的第一名。

借助克隆技术，科学家不仅让多利诞生，还计划让今天的大象生出古代的猛犸象。猛犸象与大象长得非常相似，是血缘关系非常近的亲威，不过猛犸象的身体要大得多。可惜的是，在5000年前，猛犸象突然全部灭绝了。到了今天，人们

猛犸象复原模型

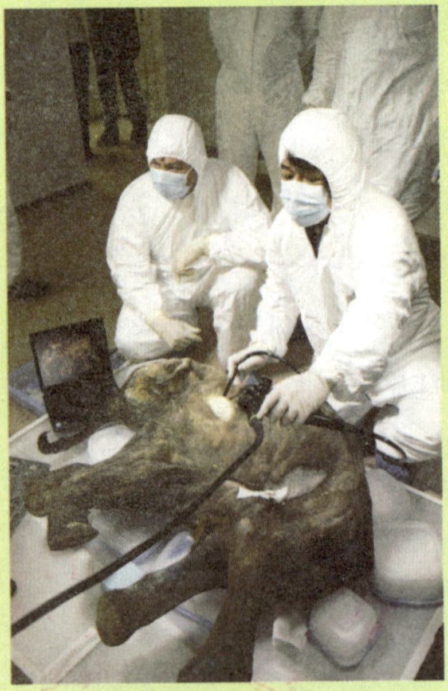

科学家在提取小猛犸象的细胞

只能找到它们的骨骼化石，以及在冰川中被冰冻起来的尸体。为了让猛犸象“复活”，科学家到寒冷的西伯利亚找来了被完整冰冻起来的猛犸象尸体，然后取出这头猛犸象的细胞，借助克隆技术，像克隆羊、克隆牛那样，把猛犸象的细胞核移植到去除了细胞核的大象卵子里，获得拥有猛犸象基因的胚胎，再把这个胚胎植入代孕大象的子宫里，希望最终它能生出一头小猛犸象。目前，这项计划正在紧锣密鼓地进行，也许不久之后的某一天，我们能在新闻中一睹现代猛犸象的风采。

1999年9月2日，美国普林斯顿大学的

华裔科学家钱卓利用基因工程技术成功地培育出一只不但具有很强的记忆力,同时具有很强的学习能力的"聪明鼠"杜奇。这一成果在生命科学界掀起一场轩然大波,杜奇在几天之内就成了全球最牛的老鼠。科学家发现,杜奇的记忆力比普通老鼠高四五倍,它的学习能力奇高,对环境的适应能力惊人。例如,它能认出一块以前见过的积木,能在水中找到一个隐蔽的落脚点,还能接受一些受袭前的预警信号。总之,它的聪明才智已经大大超越了老鼠这一物种的界限!杜奇的出现,为研究神秘的大脑基因活动开启了一扇窗。它暗示着这样一个美妙前景——人类可以通过基因改造,增强任何一种动物包括人类自己的智力!想想看,没准以后动物就可以和我们平等交流,这该是多么神奇又多么恐怖的事!

"聪明鼠"杜奇能很快认识并记住脚下积木的形状

从捕杀野兽到驯养家畜和宠物,从摘食野果到培育优质农作物品种甚至是转基因植物,从人的平均寿命只有30岁到颐养天年……我们迈向更美好生活的每一步都离不开生物学的发展。当然,也有人说生物技术是一把"双刃剑",在带给我们巨大益处的同时,也带来了可能的威胁和恐慌,就如前面电影里描述的场景。其实,任何事物都具有两面性,取其利、去其弊才是智慧的选择。我们可以想象,未来生物学将具有更加神奇的力量,关键是怎样用理性的思维为其掌控方向。而了解生物学的发展历程,深入生物学家构筑的奇幻世界,是掌控方向的第一步。就让这本书伴我们开始一段奇妙的生物学旅程吧。

1 早期的生物学

一天，凤凰和鹈鹕率领着手下大大小小的鸟儿比试。鹈鹕这边出场的第一员大将是有着一身五彩羽毛的山鸡，它舒羽展尾，上下飞舞，如同一片锦绣，众鸟不由大声叫好。凤凰则派出孔雀对阵，孔雀展开长长的尾巴，舒张两翅，只见满眼华彩夺目、金碧辉煌，一下子就把山鸡比下去了。接着鹈鹕派出了名叫百舌的小鸟，它苍毛黄足，能发出各种叫声。凤凰这边出场的是五彩鸟，它不光羽毛颜色好看，叫声还悠扬宛转，众鸟听得入了迷。凤凰又赢了。

鹈鹕连输两场，很不高兴，派出了九头鸟，它体形像鹅，但身高数十米，还长着

1 古书中的神奇生物

中国先秦时代，有一本影响很大的书《山海经》，其中描绘了许多稀奇古怪的生物，如长着翅膀的鱼，只有一只翅膀、一只眼睛的鸟等。有人曾认为，那些动物不过和神话故事一样，源于古人丰富的想象力。其实就像龙、凤凰、麒麟等神话动物是人们在现实生物的基础上加以想象加工的一样，这些神奇的生物也确有原型。例如，书中提到一种叫旋龟的动物，“其状如龟而鸟首虺尾”。据考证，在中国安徽等地就有一种鹰嘴龟，头像老鹰，尾巴也不像其他龟那样短小，而是像蛇尾一样细长。书中还有一种叫鹿蜀的动物，长得像马，头白色，尾巴红色，身上有老虎一样

鹰嘴龟

传说中的祥鸟凤凰

九颗脑袋，叫声又响亮又凶狠。正当众鸟惊恐害怕之时，凤凰那边只飞出了一只翠羽红嘴的小鸟，名为天狗，别看它个子小，嘴一张却发出狗吠之声，吓得九头鸟转身就逃。凤凰大获全胜。

上面这段故事，出自明代传奇小说《镜花缘》。这里描绘的鸟，有的是现实中存在的，有的却是古人虚构出来的。当然，所谓"虚构"是现代人经过科学研究后得出的定论，而古人相信，它们是真实存在的，并将它们记载入古代书籍之中。

的斑纹，想必这么一说许多人都能猜出它的原型——斑马。中国古代南方地区曾分布着山斑马，可惜已经灭绝了，现在我们只能在非洲见到它们。

对这些神奇生物的描述表现出古人探索自然的好奇心、对自然界细致的观察力，以及将类似生物相互对比、加以分类的思考能力。好奇心是前进的动力，观察和思考是取得进步的基石。不过，这些古代的记述基本以描述"奇闻异事"为主，充满了"道听途说"的意味，不能算真正意义上的"生物学"。而生物学作为现代科学的分支之一，同样十分重视详实严谨的观察和记录，以及系统严谨的逻辑和理论。最先把对生物的观察和记录变为一门科学的，是古希腊的亚里士多德。

山斑马

2 言必称“亚里士多德”

科学是什么?《现代汉语词典》中关于科学的解释是:反映自然、社会、思维等的客观规律的分科的知识体系。

从字面上看,“科”左边是“禾”,指粮食;右边是斗,意为称量。所以“科学”一词可取“测量之学问”之意。在中国古代,关于自然界事物道理的学问称为“物理”,即自然科学,数学学科独立于“物理”。到了明代,研究自然事物所得到的学问称为“格致”,即格物致知。

我们现在日常所说的“科学”(science),实际上是个“舶来品”,来自西方,是指1450年以后的现代科学,而现代科学的源头在古希腊。生物学作为科学的一个分支,其起源和发端也可以上溯到古希腊时期。古希腊著名的哲学家、科学家亚里士多德就为生物学的创立作出了巨大的贡献。

最伟大的智者——亚里士多德

亚里士多德公元前384年出生于爱琴海北岸的斯塔基拉,在少年时期曾当过医师的学徒,后来师从柏拉图,继承了柏拉图哲学的思想遗产,成为柏拉图学院派最杰出的代表。

生物学研究的各个方面几乎都是从亚里士多德开始的。他是将生物学分门别类的第一人。他首先发现了比较法的启发意义,并理所当然地被尊称为比较法的创始人。他也是详细叙述很多种动物生活史的第一人。他特别注意生物多样性现象,以及动植物之间的区别的意义。虽然他没有提出正式的分类法,但是他按一定的标准对动物进行了分类。亚里士多德认为生命是有“阶梯”的,所有的生物在这一阶梯上都有自己的位置,人类位居阶梯的顶端,其他生物根据复杂程度排列其后。亚里士多德的生命阶梯是一个连续的系列,所有的生命都排列其上,但他从没有想过生物会发生进化。

柏拉图与亚里士多德

柏拉图是古希腊著名的哲学家,也是整个西方哲学乃至西方文化最伟大的哲学家和思想家之一。他最著名的论著是《理想国》。柏拉图与其老师苏格拉底、其学生亚里士多德并称古希腊三大哲学家。

柏拉图创立了名为阿卡德米的学校(那时称为"学园"),原本希望自己最出色的弟子、有"学园的智慧"之称的亚里士多德来接掌学园,谁知在认识世界的方式上,亚里士多德不同意他的理念:柏拉图强调数学,亚里士多德强调观察,认为通过客观观察去探究自然原因,是人所能从事的最美好的事情。亚里士多德总是试图用观察到的事实和经验支持自己的观点,这种方法称为经验式研究。

亚里士多德(左)向柏拉图(右)求教

亚里士多德的坚持遭到许多人的非议,认为这是不尊师的表现。但亚里士多德说:"吾爱吾师,吾尤爱真理。"之后,他远走他乡,四处求学。柏拉图也将学园另交他人执掌。

身为生物学家,亚里士多德不怕动手(古希腊哲学家推崇的是脑力"思辨",认为动手是低下的活动)。他花费多年的时间去耐心地观察与解剖动物。亚里士多德曾对500多种不同的动植物进行了分类,至少解剖了50多种动物。他总共描述了将近600个物种,包括昆虫、甲壳类、鱼类、两栖动物、爬行动物、哺乳动物与鸟类。他曾经进行了许多精细的观察,例如,他发现盲鼹鼠有一双隐蔽的眼睛;雌土狼尽管有类似雄性性器的生殖器,但土狼并不是雌雄同体;鲶鱼是雌性产卵、由雄

根据亚里士多德的思想绘制的“阶梯”。从低到高依次是：植物、各种动物、人、天使、神

性照顾幼鱼。他非常细心地研究蜜蜂，试图了解它们如何繁殖。在这个过程中，他成为第一个注意到蜜蜂舞蹈语言的人。他指出鲸是胎生的，还考察了鸡胚胎的发育过程。

亚里士多德有一系列的著作，为生物学奠定了基础。其中最重要的一本是《动物志》，在这本书中他谈到数百种动物的身体结构及生活方式，包括它们生长繁殖的方式、栖息地及活动方式。其他还有包括比较动物解剖学与功能生理学的《论动物解剖》，关于动物如何运动的《论动物行为》与《论动物生态》，追踪动物生长发育的《论动物生成》，以及探索生物与非生物之间差异的《论灵魂》。亚里士多德在著作中清楚地将观察置于理论之上，他注明：“然而事实尚未完全确定，若真能确定的话，则应先信任观察而非理论，唯有与观察结果一致的理论方可信任。”

亚里士多德一生勤奋治学，不仅在生物学方面贡献巨大，还在逻辑学、修辞学、物理学、宇宙学、教育学、心理学、政治学、经济学和美学等领域建立了重要的理论，令他之前的学者望尘莫及。亚里士多德写下了大量的著作，据说有1000部，可谓古代的百科全书。公元前335年，他还在雅典创办吕克昂学园，亲自在那里教授许多科目，他的吕克昂学园被称为逍遥学派的乐园。

亚里士多德在讲授动物学知识

虽然后来人们发现，亚里士多德的理论错误不少，但他通过观察和演绎奠定了科学方法的基础，决定了以后科学和科学思想发展的多种途径，对人类产生了深远的影响。亚里士多德被马克思称为古希腊最博学的人，被人

们尊为世界古代史上最伟大的哲学家、科学家和教育家，故而在西方出现了只要与科学有关，“言必称希腊”，提及希腊又“言必称亚里士多德”的有趣现象。

3 亚里士多德的接班人

狄奥弗拉斯图是亚里士多德的主要助手和得意门生。公元前323年，亚里士多德离开雅典，之后吕克昂学园便由狄奥弗拉斯图主持，直到公元前322年他身染重病去世。

狄奥弗拉斯图

狄奥弗拉斯图是一位著名的植物学家，一生完成了200多部生物学著作，但大多数仅留下书名。在幸存的著作中，有9卷《植物志》和6卷《植物的本源》，是古希腊最完整的植物学书籍，涉及500多种野生和栽培植物。在著作中，他不仅对植物作了惊人精确的观察和描述，预见了现代植物学研究的几乎每一个分支或其萌芽，而且对植物学理论的基本问题已经有了非常深入的思考。更为重要的是，他率先阐明了动物和植物在结构上的基本区别。

狄奥弗拉斯图的著作是古代植物学研究的顶峰，它们影响了古希腊和古罗马的草药医生和药学家，许多经验性的农业手册也借用他的研究成果，但是，他的综合性的植物学理论很少被后来的作家提起。那这些古代积累的宝贵知识如何传承下去呢？狄奥弗拉斯图300年后，一位博物学知识的传播者——老普林尼出现了。

4 博物学知识的传播者

如果说亚里士多德和狄奥弗拉斯图创立了生物学，那么，老普林尼则在生物学的传播上功不可没。老普林尼是古罗马最有名的博物学家（他的外甥称为小普

博物学

博物学是指对大自然的宏观观察和分类，它包括今天的天文学、地质学、地理学、生物学、气象学、人类学等学科的部分内容。20世纪50年代之前，博物学几乎包含了数理学科以外的各个学科。亚里士多德、达尔文、歌德等都是著名的博物学家。中国的竺可桢也是一位有名的博物学家。

老普林尼

林尼，也是著名的博物学家），是罗马时代三个最伟大的百科全书作家之一。他于公元23年出生于意大利北部的诺纹科莫恩，从小生活在古罗马帝国鼎盛时期的一个官吏家庭。他喜欢旅行，曾到德国、高卢（现今法国、比利时、意大利北部、荷兰南部、瑞士西部和德国莱茵河西岸一带）、西班牙和非洲"游学"，增长了见识。

老普林尼的主要贡献是《博物志》。这部著作多达37卷，内容包括植物学、动物学、医学、地理学、矿物学、人类学和各种工艺技术等，涉及当时所有关于自然界和人类的知识。他广征博引了大量的事实和观察结果，这些都是从2000多种前人的著作中搜集来的。这部著作在中世纪时，被认为是关于自然界一切知识的宝库。

在《博物志》中，老普林尼花了16卷来写植物，篇幅庞大，内容很多，包括林业、种植业和园艺业。他之所以对植物投注这么多的笔墨，一个可能原因是相比于其他主题，植物为罗马社会提供了最多的日常需要，而且最为常见。在论述植物时所引用的诸多先人著作中，老普林尼将狄奥弗拉斯图的著作列为最高权威，书中许多关于植物的知识和理论的素材直接引自狄奥弗拉斯图的《植物志》。他还介绍了如

老普林尼的《博物志》

何利用植物材料制造有用的产品如酒、油。老普林尼写道：自然界是如此慷慨大方，甚至“连真正的不毛之地也天生是一个药房”。

《博物志》中丰富奇妙的描述激发了后世无数人对自然界的好奇和关注，不少人还投身于相关研究之中，对科学的普及、发展起到了极其重要的作用。当然，书中也有一些错误和荒谬的观点，比如谈到人和动物时，常常会讲述许多怪诞的故事，如长着动物脸的人，蛇和鸡的混合体等。

老普林尼死后不到200年，狄奥弗拉斯图的著作就完全散失了，《博物志》中关于植物的几卷就成了狄奥弗拉斯图伟大的植物学论著的唯一记录。《博物志》对植物的记录广泛而丰富，共提到过1300种植物的名字，有效保存和传播了古代植物学知识。到16世纪时，新的动物学著作已经出版了，但老普林尼的书仍然是自然史研究的最好源泉。

富有好奇心和高效率是老普林尼的天性。他从不浪费任何可用于读书写字的时间。为了在旅行时也能进行工作，他总是坐四轮马车，从不骑马。传说他甚至在洗澡时，还要秘书在一旁念书给他听。公元79年，维苏威火山大爆发，摧毁了庞贝城和赫尔库拉内姆城，老普林尼亲身前往研究这种可怕的现象。在观察时，老普林尼被火山喷出的浓烟毒雾熏倒而去世，为探索自然献出了自己的生命。

2 把生物拆开看一看

生活在300多年前的英国科学家胡克享有"英国的双眼和双手"之誉，不仅设计和发明的科学仪器在当时无与伦比，就连随手制作出来的小玩艺也总有让人意想不到的惊喜。

有一天，他把两片凹透镜一前一后组合起来，对着一根鸡毛细看，发现羽干竟然变得像树枝那么粗大，绒毛也成了一根根粗壮的线。这个现象引发了他的兴趣，他反复调节两个镜片之间的距离，居然找到了镜片间的距离与放大倍数之间的关系。

1 显微镜下的"新世界"

从15世纪起，特别是16世纪以后，光学有了长足进展，有关光的知识日渐丰富起来。16世纪末到17世纪初，由于玻璃研磨和精细加工技术的进步，显微镜和望远镜几乎同时被发明。人们用望远镜仰望天空，感到宇宙的广袤无垠；用显微镜低头细看，发现小小一滴水中竟然也包藏着一个天地。

显微镜最早的发明者是谁至今难以定论，但最早用显微镜发现"新世界"的重量级人物，世人都公认是上面提到的英国科学家

列文虎克

胡克的显微镜

胡克无意中制成的，是最简单的显微镜。

胡克用自制的显微镜观察了许多常用物品。有一回，他观察了从一小块软木上切下的薄片，清楚地看到软木薄片由蜂窝状、排列非常整齐的小室组成。他把这些小室叫做细胞，意为“空室”。其实，胡克看到的，只是软木组织中的一些死细胞留下的空腔，但人们仍然认为胡克是第一个发现细胞的人。后来，胡克出版了一本叫《显微图谱》的书，其中详细介绍了他制作的能够放大140倍的复式显微镜，还绘制了许多漂亮而准确的动植物显微图谱。

胡克和荷兰人列文虎克。

列文虎克出生在荷兰代尔夫特市的一个贫穷的酿酒工人家庭，从小没念过多少书，但充满好奇心。他曾经营一家小服装店，可是生意萧条。人到中年，才在市政大厅当了一位看门人。这件差事收入不多但很清闲，使他有充裕的时间磨制他自幼就着迷的透镜。他磨制技术精湛，甚至制成了放大300倍的显微镜，是当时世界上放大倍数最高的。

列文虎克用亲手制作的显微镜观察了许多生物，并首次描绘出骨细胞与横纹肌的细胞图，还观察到了红细胞和精子。1674年，他在递交给英国皇家学会的报告中写道：“我用4天的时间，观察了雨水中的小动物，我很感兴趣的是，这些小动物远比直接用肉眼所看到的东西要小得多。如果把这些小动物放在蛆虫的旁边，它就好像是一匹高头大马旁边的一只小小的蜜蜂。在一滴雨水中，这些小动物要比我们全荷兰的人还多许多倍。”列文虎克发现的“小动物”究竟是什么呢？当时就连他自己也不得而知。直到两个世纪后，人们才认识了它们——无处不在的细菌。

列文虎克发现微生物的消息不胫而走，人们从各地纷纷拥向代尔夫特市，连英国国王詹姆斯二世、俄国沙皇彼得大帝、普鲁士国王腓特列大帝也先后登门拜访，为的就是一睹显微镜下的奇异世界。当时，络绎不绝的参观者把看到的微生物称作“小动物”，只不过它们太小，无法在动物园里公开展览罢了。有一天，有位记者前来采访列文虎克，问道：“列文虎克先生，你的成功秘诀是什么？” 列文虎克想了片刻，一句话不说，伸出了因长期磨制透镜而满是老茧和裂纹的双手。

列文虎克虽然没有科学专著问世，但他留下众多信件，信中有不少自己的观察结果和真知灼见。1723年2月27日，91岁高龄的列文虎克仙逝。他在给英国皇家学会的最后一封信中写道：“一个人要有所成就，必须呕心沥血，孜孜不倦。”他的好奇心、他日复一日的辛勤工作和钻研，令这位普通的守门人为世人留下了大量无比珍贵的科学财富。

后来，显微镜制作工艺不断进步，放大倍数越来越高，种类越来越多，人们看到的微观世界越来越大、越来越真实。不过，显微镜的放大能力受制于“照亮”物体的光的波长，即物体的尺寸必须大于光的波长，因此，光学显微镜无论如何发展，放大倍数一般很难超过2000倍。为了能观察更微小的细节，科

列文虎克绘制的微生物

列文虎克制作的一种简易显微镜

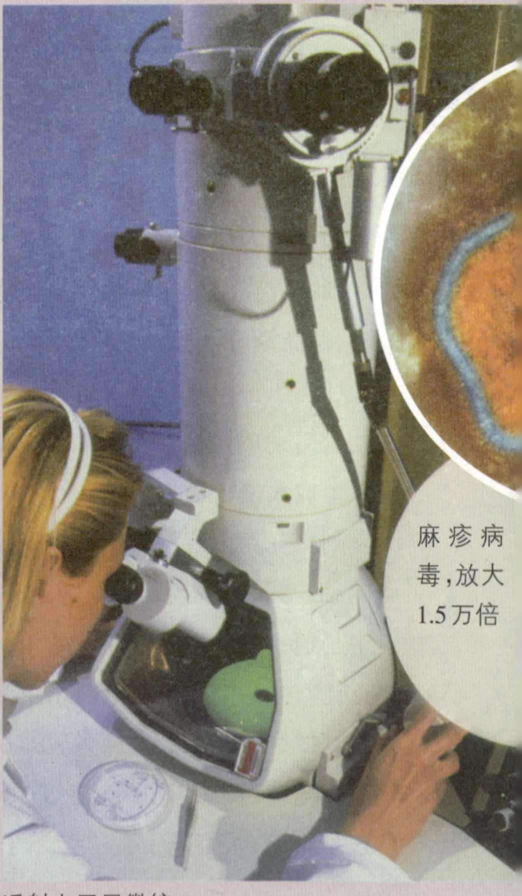

麻疹病毒，放大1.5万倍

透射电子显微镜

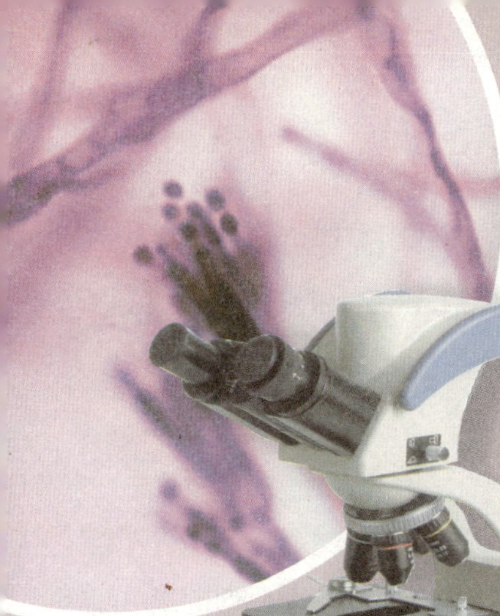

青霉菌，放大250倍

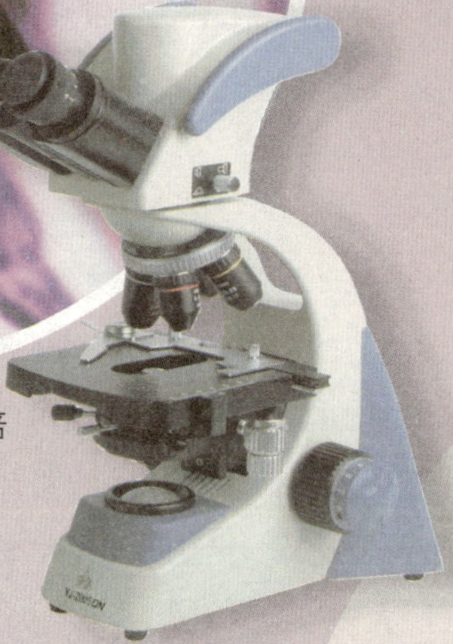

普通光学显微镜

染色体，放大400倍

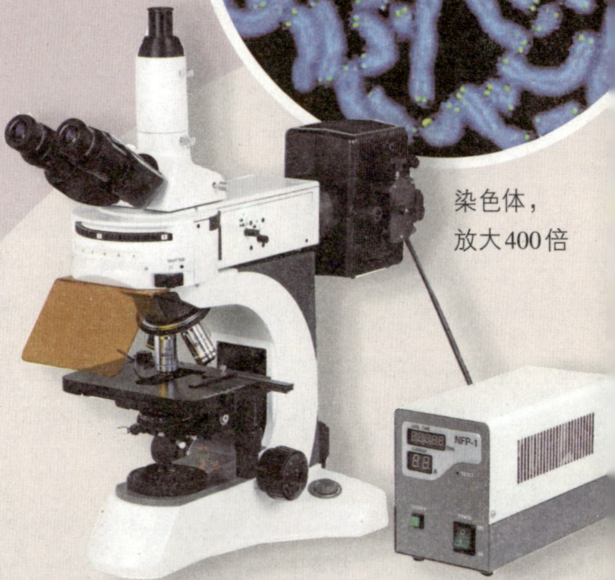

荧光显微镜

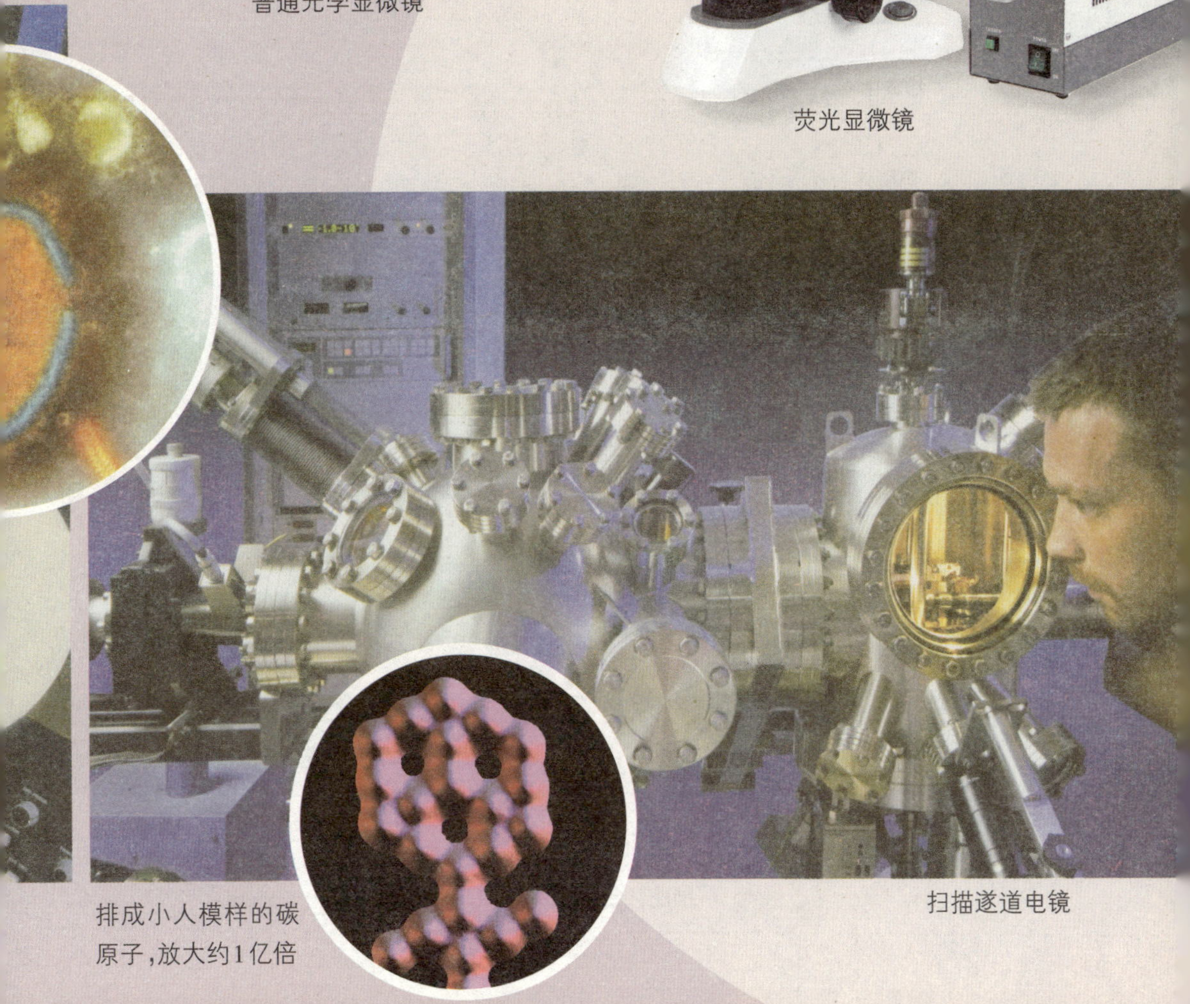

扫描遂道电镜

排成小人模样的碳原子，放大约1亿倍

学家在20世纪30年代发明了电子显微镜，简称电镜。它是利用高速运动的电子束来代替光束的一种显微镜，可以把物体放大300万倍以上，相当于把一个直径2米的气球放大到地球那么大！

2 细胞“小工厂”

在电子显微镜下观察，细胞质中存在着形形色色的微小结构。一个典型的动物细胞就有线粒体、内质网、高尔基体、溶酶体和中心体等，在植物细胞中还有叶绿体等。这些结构各具独特的形态，执行特定的功能，好似生物体中的器官，所以被称为“细胞器”。有人把细胞比作“小工厂”，细胞器比作“小工厂”里的“车间”和“机器”，可实际上，它们的生产能力比真正的工厂大多了！

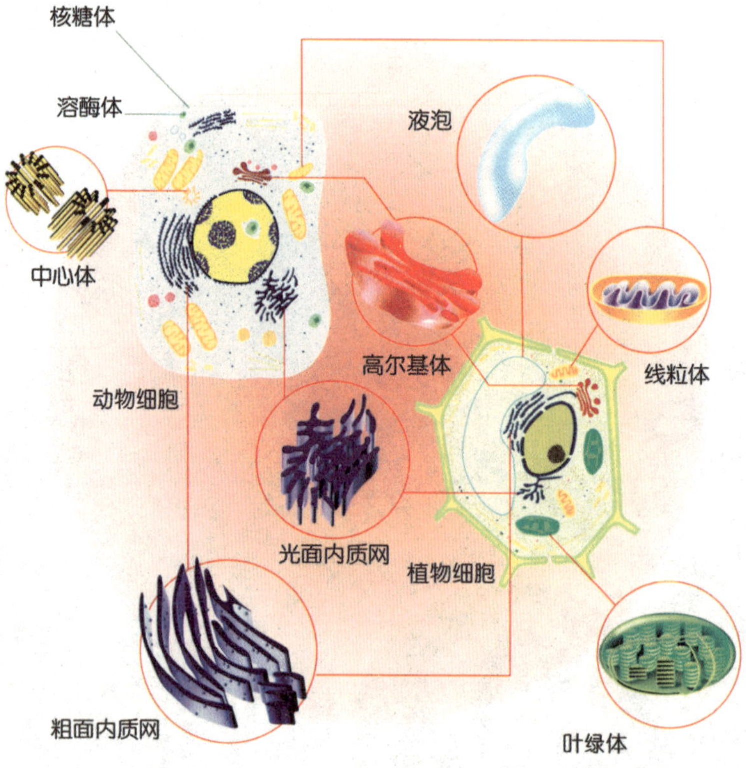

细胞内部的微结构

细胞生命活动所需的能量，大约95%来自线粒体，它就好像工厂的动力来源，人们把它比喻为“细胞的动力站”。更加奇妙的是，线粒体的能量转换率极高，可达44%左右，而一般蒸汽机车的能量转换率不过8%，世界上任何机器的能量转换率与线粒体比较起来都望尘莫及！

叶绿体能进行“光合作用”，巧妙地利用太阳光的能量，把二氧化碳和水合成为营养物质，这种本领为它赢得了“养料制造车间”的美名。人类能不能模仿叶绿体的功能，直接利用太阳能，把二氧化碳和水制造成粮食呢？这真是一个十分诱人的研究课题。

内质网参与蛋白质、脂质和糖类的合成和运输，就像是合成有机物的“车间”。在内质网上附着有一种椭球形的小颗粒，它们有的也游离在细胞质中。这些小颗粒由核糖核酸（RNA）和蛋白质组成，因此名为“核糖核蛋白体”，简称“核糖体”。核糖体是细胞内合成蛋白质的场所，人们把它比喻为蛋白质的“装配机”。

高尔基体由平行排列的扁平囊泡和大小不等的小泡组成。它是1898年意大利科学家高尔基在研究神经元时发现的，因此被定名为“高尔基体”。一般认为，高尔基体本身没有合成蛋白质的功能，但可以对蛋白质进行加工和转运，所以人们把它比喻成蛋白质的“加工厂”。

中心体通常位于细胞核附近，由两个互相垂直排列的中心粒及其周围的物质组成。中心粒外形呈柱状，细胞分裂时，两个中心粒分开，各占据细胞一端，四周发出称为“纺锤丝”的细丝，“抓住”染色体，把它们拉向各自的方向。

溶酶体能够把多种细胞中不需要的物质吞下去并分解掉。它的功能就像“垃圾处理站”，堆满垃圾的工厂必然是臭气薰天、无法正常运转的，溶酶体的重要性不言而喻。

3 细胞中的“司令部”

如果把大脑看成是人体的“司令部”，那么细胞核就是细胞的“司令部”。细胞代谢、生长、分化，全都得听从“司令部”的指挥。没有细胞核的真核细胞，如人体成熟的红细胞，既不能生长，也不能分裂。

细胞核是司令部，那司令是谁呢？是一群小小“魔法棒”——染色体。

19世纪中后期，有科学家在用显微镜观察植物细胞时，隐隐约约看到细胞核内不均匀地分布着一些丝状物。后来德国生物学家弗勒明发现,这些丝状物能够被碱性染料(如龙胆紫溶液、苏木精、醋酸洋红等)染色。于是,弗勒明把它们称为“染色质”。科学家还发现,细胞分裂时,细胞核中出现一些粗短的“小棒”,它们被德国解剖学家瓦尔德尔命名为“染色体”。其实,染色质和染色体是同一种东西,只不过在细胞不分裂时(分裂间期)表现出丝状的染色质形态,而在细胞分裂时(分裂期)表现出短棒状的染色体形态。

染色体是由脱氧核糖核酸(DNA)和蛋白质构成的。长长的DNA链缠绕在一个个“组蛋白”小球上,像细线把珠子串起来。然后,按一定的规律折叠,就构成了显微镜下所见的染色体形态。DNA上记录着个体的全部遗传信息,基本上以基因的方式呈现,如人的头发、眼睛、皮肤的颜色都是由基因决定的。平常染色体会在某些区域“解”开折叠,在DNA上的基因的“指导”下,让细胞合成新的蛋白质,或进行某些生命活动,例如线粒体产生能量、叶绿体进行光合作用、溶酶体清除垃圾等。如果染色体不再发出命令,不用多久,细胞工厂就会陷入混乱,最后细胞也会死亡。说染色体是司令部里的司令,一点儿也不为过。

4 一变二的魔法

借助显微镜,人们看到了细胞。那么,新细胞是怎么产生的呢?显微镜再度给出了答案:细胞以一分为二即“分裂”的方式,由一个细胞变为两个细胞。由于细胞不断分裂,一变二,二变四,越变越多,一颗小小的种子才长成了参天大树。

科学家根据观察到的细胞分裂的情景,总结出细胞分裂有3种方式:无丝分裂、有丝分裂和减数分裂。其中有

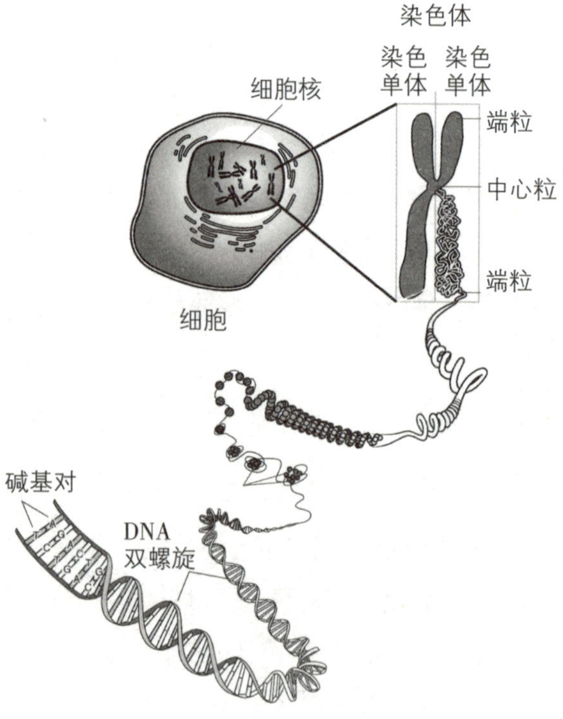

“魔法棒”的折叠

丝分裂是多细胞生物细胞繁殖的主要方式。同一物种的生物，其细胞内都含有固定数目的染色体，并且成对存在。在有丝分裂过程中，染色体先复制一次，数目加倍，母细胞从中间一分为二，成为两个较小的子细胞，染色体也平均分配给子细胞，因此，分裂后的两个子细胞中的染色体，不仅数目相同，其中的DNA也几乎一模一样。这就保证了遗传的稳定性。

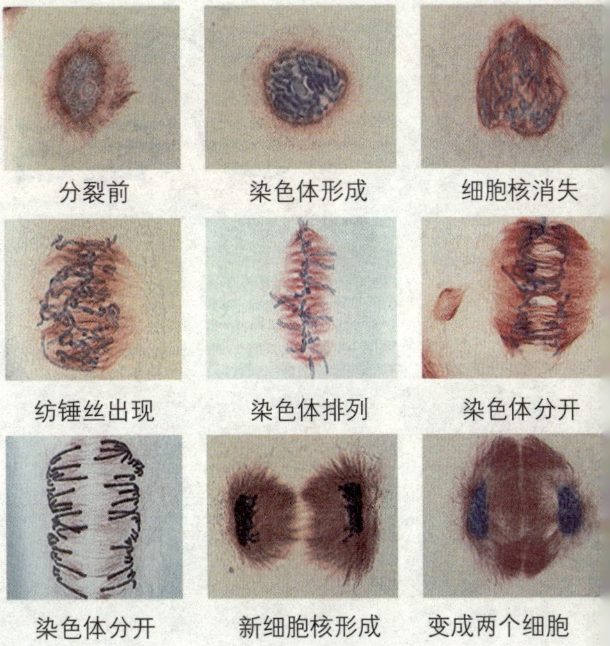

有丝分裂

减数分裂过程中1个母细胞分裂2次，产生4个子细胞，第一次分裂时同源染色体分开，第二次分裂类似于有丝分裂，不过分裂前染色体数目不加倍，结果分裂后子细胞核内的染色体数目减半。减数分裂一般是为了形成生殖细胞，如精子与卵子，还有植物的花粉。当精子与卵子受精形成一个细胞——受精卵后，受精卵中的染色体就恢复到原有的数目，一个新生命由此开始。例如，人类染色体共有46条，23对，一半来自父亲，一半来自母亲。我们之所以与父母相似，正是因为我们的染色体都来自父母。

在显微镜发明之初，谁能想到在小小的镜头下，高大的树木、奔跑的动物、思考中的人、河流中的一滴水，都能被分解成一个个奇妙的新世界。随着显微镜技术的发展，相信我们会发现更多生命的奥秘。

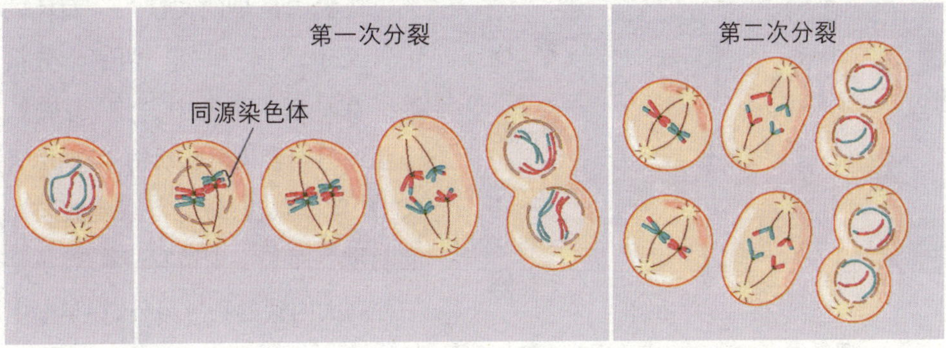

减数分裂

3 起名字的学问

2012年春天，在山东枣庄地区发生了多起野狼伤人事件，后来经过村民和警方的努力，终于打死了一头野狼。

3月23日，枣庄滕州市又发现了一只“白色母狼”，警方奋勇将它擒获，并送到了滕州市人民公园里的动物园。可是该事件经过媒体报道之后，滕州市民王先生在网上看到照片，确认这只“狼”其实是他家养的哈士奇宠物狗，前些日子走丢了。

3月26日下午，警方再度击毙一只疑似狼的动物。但随后又有村民称，事发

1 古书是怎样描述生物的

每个人都有名字，当我们说自己认识谁的时候，最起码的意思是知道他或她的名字。每种动物也有自己的名字，而且，动物的名字不是随便起的，这里面往往包含着生物分类学的重要信息。所谓生物分类学，就是按照一定的标准给生物归类和命名。这门学科在西方从成立算起也不过200来年，可是我们中国人的祖先，很早就知道按照一定的标准对生物进行较为恰当的分类和命名了。

甲骨文中的字和对应的现代汉字

在我国最早的文字——商代的甲骨文中，“狗”和“狼”两字十分接近。在早期甲骨文中，“狗”写成，像是一只卷着长尾的动物；晚期甲骨文中“狗”写成，像是一只瘦腹长尾的动物。而狼字则被写成，表示是一种高大凶猛的狗。另外，在早期甲骨文中“狐狸”的“狐”写成，像是一

哪只是狗，哪只是狼，你分得清吗

当天自家丢了一只哈士奇犬，那只被打死的“狼”，正是他们家的宝贝宠物狗。

狗被不少人认为是“人类最好的朋友”，而狼生活在野外，性情凶猛，会伤人，把两者搞错可怎么得了！可人们为什么容易把它们搅在一起呢？

种狡猾的狗。这表示中国古人很早就把狗、狼、狐等一些动物分在一类，这与现代分类中犬科的分类是一致的。其他表示动物和植物的字也类似。例如，麦、黍等表示谷物的字中都有下垂的、表示禾的部分；而有关树木的字如桑、柳，有木字形；麋、麇等长得像鹿的动物，则包含鹿字。今天的汉字由甲骨文演变而来，因此许多表示动植物名称的汉字，我们从它的偏旁就可以简单猜出所指的动物大概属于哪一类。

到了先秦时期，虽然没有正式的生物分类和命名法则，但在当时那些著名的典籍中，已经有很多这方面的知识了。例如，中国最早的一部诗歌总集《诗经》描述了多种动植物，其中很多分类习惯，比如把树木分为灌木和乔木，一直沿用到今天。

在差不多同时期的《周礼》中，出现了“植物”和“动物”两个名称，这两个名词后来被中国和日本沿用至今。这本书还尝试着按动物生活的环境不同，把它们分为毛、鳞、羽、介、蠃5类，分别相当于后来的哺乳动物、鱼类、鸟类、爬行动物和一些软体无壳的蠕虫类动物。

在秦汉时期，有人编了一本专门的辞典《尔雅》，书中不仅收录了590余种动

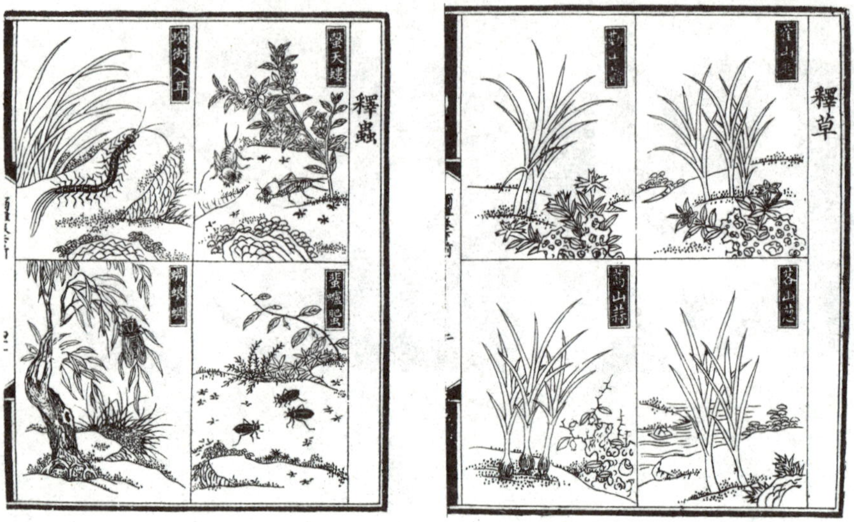

《尔雅音图》中的部分虫(左)草(右)画

植物的名称，还把它们按照草、木、虫、鱼、鸟、兽、畜等进行分类解释。如《尔雅》称“二足而羽谓之禽”，“四足而毛谓之兽”。这种简洁明白的定义一直沿用到今天。

《尔雅》之后，出现了许多记述、讨论动植物种类及其特性的书籍，如《毛诗草木鸟兽虫鱼疏》、《埤雅》、《昆虫草木略》、《尔雅翼》等，还有一本《尔雅音图》，为《尔雅》配上了插图，使《尔雅》中的花鸟鱼虫从抽象的文字变成了直观的图片，更增加了趣味性。这些书籍的广泛传播和阅读，使得“鸟兽草木之学”成为一种专门记录和传播生物学知识的学问。

2 亚里士多德的分类学

在西方，生物分类学最重要的源头是亚里士多德。亚里士多德把世间万物分为两类，一类是石头、土壤这些非生物的东西，另一类是有生命的物体，即生物。而作这种区分的原因是生物具有“某种变化的潜能”，即能够生长、生殖等，非生物的物体没有这个本事。

亚里士多德又把生物分为两类，一类是植物，一类是动物。其依据是植物具有植物灵魂，动物具有动物灵魂，亚里士多德认为人虽然也是动物，但有点特别，人还具有理性的灵魂。

亚里士多德把动物分为有血动物和无血动物，有血动物相当于现在的脊椎动物，无血动物相当于现在的无脊椎动物。在有血动物中，他又区分出卵生动物和胎生动物。卵生动物里，他区分出产不完全卵的鱼类、产完全卵的鸟类和卵生四足动物（两栖动物和爬行动物）。胎生动物里，他也区分出了人、鲸及胎生四足动物（指一般的哺乳动物）。通过这种分类，亚里士多德建立了一个由低到高的“自然的阶梯”，例如在脊椎动物中，这个阶梯就是由鱼类到两栖、爬行动物到鸟类，再到哺乳动物和人。这个阶梯，后来对于生物进化论的发展产生了重要的影响。

亚里士多德认为鲸虽然生活在水中，却是胎生动物，这在当时是很先进的

虽然亚里士多德的分类有许多错误，但他的分类讲究逻辑性，注重生物的一些重要特征，开创了西方分类学的先河。可惜的是，在亚里士多德之后，西方有很长一段时间内在生物分类研究上没有多少进步。这种状况，直到林奈出现才改变。

3 谁和谁是一家？

林奈是个瑞典人，他的父亲是个乡村牧师，特别喜爱园艺，在花园里种植了许多花草树木。林奈从小受父亲的影响，也特别喜爱奇花异草，遇到什么不认识的植物，就拿去问父亲，父亲也会一一告诉他。不过，父亲从不允许他问第二遍，所以小林奈见到一种新植物就赶紧将它的名字和特征强记下来，这样很好地锻炼了他的记忆力。

林奈

林奈长大之后，成了一名有点自负的生物学家，他称自己的墓碑上应当刻上“植物学王子”几个大字。虽然他一点儿也不谦虚，但后人还是充分承认他在生物命名和分

类上的重要贡献。

林奈写了一本叫《自然系统》的书，书中全面总结和应用了他那个时代人们对于生物分类和命名的新方法。按照这种方法，植物和动物按照其相似程度，被安排在界、纲、目、属、种这样从大到小的一个系统中。后来人们又将其发展为界、门、纲、目、科、属、种。种是这个系统中最基本的分类单位，只有性状相同、能相互婚配并产下有繁殖能力的后代的生物，才可以称之为同一个物种。这样，自然界中的每一种生物都被有序安排在生物分类系统的特定位置上。例如，狼和狗都属于动物界、脊索动物门、哺乳动物纲、食肉目、犬科、犬属、狼种，但属于不同的亚种。看到这个生物学分类，我们就会明白，山东警方“指狗为狼”的行为实在情有可原，因为狼和狗是生物学近亲！4万至1.5万年前，早期人类开始把野生灰狼驯化成家养的狗。到了现代，有时狗会长得与它的狼祖先非常相似。

林奈不仅建立了一个被当时人们所广泛接受的生物分类系统，还使用一种后来亦为人们所广泛接受的“双名法”来为生物命名。大家知道，同一种生物经常会有许多不同的名字，有时候同一个名字还可能指的是好几种生物。例如，蝉科中的好多种蝉都被称为“知了”，而在我国最常见的一种黑蚱蝉，却有知了、鸣蜩、马蜩、鸣蝉、秋蝉、蜘蟟和蚱蟟等数不清的名字。这样给科学家研究生物分类带来很大的不便。

怎么办呢？林奈发明的“双名法”可以很好地解决这一问题。他用拉丁文给每一种动植物起了一个独一无二的名字，称为“学名”。学名分为两段，前段是“属名”，为名词，代表生物所归的“属”，后段是“种加词”，为形容词，代表这种生物本身。如黑蚱蝉的学名是 *Cryptotympana atrata* F.，*Cryptotympana* 指的是蚱

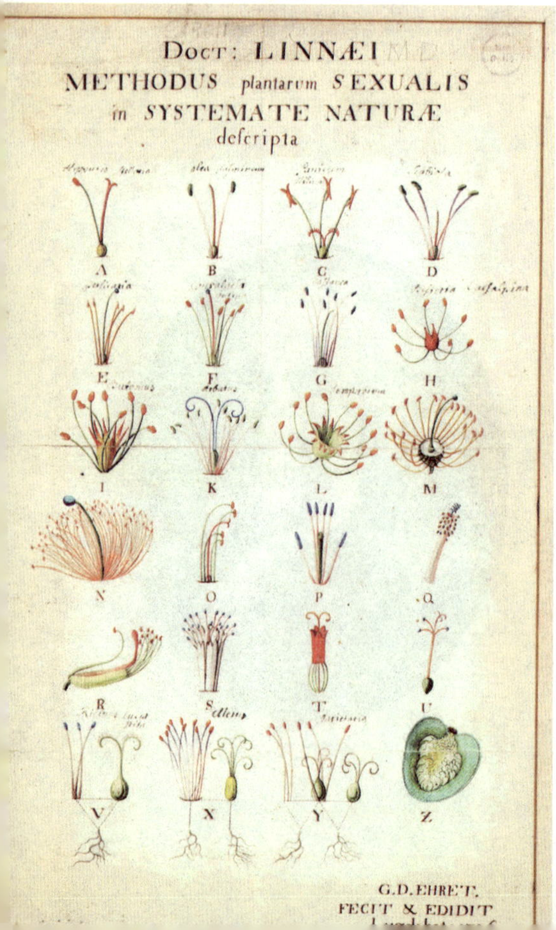

林奈在《自然系统》中用花的形态给植物分类

人的命名

林奈把人归入动物界，与猩猩、猴子等一同归入“四足纲”，并命名为 *Homo sapiens*（智人）。*Homo* 指“人属”，*sapiens* 意为“有智慧的”。这种分类引起当时西方教会的不满，因为他们认为，人是万物之灵，怎么能算一种动物，还和猴子这种东西挨得这么近！但林奈坚信自己是正确的，因为他的分类来源于对这些物种身体形态和解剖结构的仔细观察。今天的分类法中，我们全世界的人都属于动物界、脊索动物门、哺乳纲、灵长目、人科、人属、智人种，学名就沿用了林奈起的“智人”一词。人科成员除智人、黑猩猩和大猩猩等外，还有一些过去存在、现在已经消失的物种，其中有的是智人的祖先。寻找这些人科成员的化石，是当今科学家感兴趣的课题之一。

蝉属，*atrata* 是变黑的意思，大概指的是这一种蝉在蜕皮之后，身体会很快变黑吧，F是给这种昆虫命名的学者名字的第一个字母。

这种命名方法被大家共同接受之后，不同国家和地区的科学家就可以对他们所研究的动植物进行交流了。所以你要记住，假如你想向外国朋友介绍你的家乡有哪些动物和植物，一定要在它们的名字后面附上拉丁文学名。

黑蚱蝉蜕壳后身体慢慢就变黑了

4 生物的现代分类

林奈在分类时所用的方法仍然是一种“人为分类法”，主要依据仍然是生物的一些外表上或解剖结构上的特征。这种方法的问题在于，不同的人关注的侧重点不同，对某种动植物的分类也会有所不同，而且还会产生许多奇奇怪怪的错误。例如，河狸就曾因为尾巴上有鳞片被归为鱼类。今天我们当然知道，河狸是哺乳动物。那么，有什么分类法可以解决这一问题呢？

新的分类法始于一个问题：世界上有那么多的物种，它们都是从哪儿来的呢？

进化论之父达尔文在他的《物种起源》中回答说，新的物种是通过自然选择而

系统树示意图。根部是“共同祖先”，顶部越分越细

形成的，地球上的所有生物都来源于共同的祖先，它们在自然界长期的发展过程中，由简单的种类不断分支演化，形成一棵枝叶繁茂的“大树”。这棵树就是系统树，在系统树上，靠得越近、分支越迟的物种，它们之间的亲缘关系越近，在进行生物分类时，我们也越应该把它们分在一起。以生物的亲缘关系作为标准的分类方法，被称为自然分类法；生物分类学从这时候开始，也叫做生物系统学。目前认为，这是一种较为先进的分类方法。

坦桑尼亚的维多利亚湖里有数百种丽鱼，可是许多种还没得及命名，就因为湖中引进了一种食肉鱼而绝灭了

生物系统学发展到今天，又发生了许多新的变革。首先，许多新的研究和分析方法被用于生物分类，例如，生物体所含的特殊化学物质成分、蛋白质的氨基酸序列、DNA的碱基序列等，都可以成为生物分类的依据和标准，现代生化与分子生物学手段也更多地被用于生物分类和物种鉴定研究中。

另外，在现代分类学中，人们对于古细菌给予了充分的重视。古细菌是一些生活在盐湖和温泉中、生命力特别顽强的菌，它们三十几亿年前就已经出现在地球上。起先，因为它们和细菌很像，也没有细胞核，便被归入“细菌界”。但是美国生物学家沃斯分析这些“细菌”时，发现它们的RNA和真核生物的RNA更相似，和细菌的RNA反倒不那么相似。于是他在“界”之上另立了一个更大的分类单位“域”，把这些菌归为“古细菌域”，表明它们和细菌、真核生物大大不同。至今，地球上的所有生物被分为古细菌、细菌、真核生物三个域。现在科学家认为，在很久很久以前，古细菌和细菌相互融合，生成了当今所有真核生物的“老祖宗”。“老祖宗”经过数亿年演化，才有了今天多姿多彩的生物世界。

生物分类学虽然经过了那么多年的发展，可是科学家迄今发现、描述和命名的物种只有不到200万种，仅占我们地球上全部3000万物种的6%，而另外94%的物种，则在快速恶化的自然生态系统中自生自灭。据2004年发表的一项研究显示，到2050年，仅仅因为气候变化，地球上一些地区将有多达37%的物种会消失。也就是说，地球上生物多样性的消失速度，比我们积累生物分类学知识的速度要快得多。如何保护生物多样性，是我们面临的重大难题。

4 比细菌还小的生命

1918年初，美国堪萨斯州哈斯克尔县出现了一种很厉害的传染病，病人头痛、全身痛、高烧和咳嗽，很多平时身强力壮的健康人，突然就倒下了。当地医生诊断，这种病是细菌引起的“流行性感冒”和“肺炎”，但是，用治疗细菌性感冒和肺炎的方法来治疗病人，基本没什么效果，病倒的人越来越多，还有人死去，有的村庄甚至全村人都得了这种病！

此时第一次世界大战正进行到关键时候，美国政府不断向全国征兵，以派往欧洲战场。3月，来自哈斯克尔县的新兵来到福斯顿军营，这种病也随之而来。

1 最早发现的病毒——烟草花叶病毒

19世纪下半叶，烟草种植业蓬勃发展，但人们很快发现，许多烟草的嫩叶抽出不久，叶面上就莫名其妙出现了一条条黄绿相间的斑纹，接着就变得斑斑驳驳，很快整片烟叶枯萎腐烂。这种“烟草病”迅速蔓延，大片烟草因此死亡，烟农们损失惨重。由于生病的烟叶就像布满花纹一样，于是1886年德国农艺学家麦尔将这种烟草病命名为“烟草花叶病”。他把有病烟草的汁液注射到健康烟草的叶脉中，结果健康的烟草也生病了。麦尔推测，烟草花叶病可能是一种传染病，但他认为这种病是由细菌引起的。

患了“烟草花叶病”的烟草

1892年，俄国植物学家伊万诺夫斯

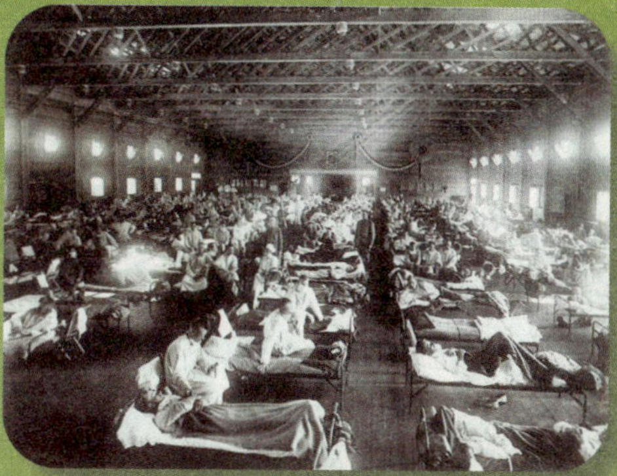
1918年的福斯顿军营，许多士兵因流感病倒

结果3个星期内，1100名士兵病重住院。后来，福斯顿军营的士兵被派往各处，又把这种病传播到了美国其他地方和全世界，引发了1918—1919年的全球性大流感。

这场大流感横扫世界，全球死亡人数高达0.5亿至1亿！甚至有人认为，这场流感消弱了敌对双方所有军队的战斗力，成为第一次世界大战结束的原因之一。

是什么让这么多人都生了病呢？原来，这场“屠杀”的罪魁祸首是一种小之又小、非常不起眼的生物——病毒！

基重复了麦尔的实验，同时加入了自己的创造性工作：他制作了一种过滤器，过滤器上的小孔很小，可以把溶液中的细菌“拦截”下来。但是，当他把有病烟草的汁液用过滤器过滤后，发现这些汁液仍然能使健康烟草生病，这说明烟草花叶病的致病因子能通过过滤器上的小孔。如果这种致病因子不是细菌，那它是什么呢？难道说有一种比细菌还要小的生物吗？伊万诺夫斯基不敢这么想，因为当时科学界流行一种理论，认为疾病都是由细菌引起的。提出这种理论的人是伟大的法国微生物学家巴斯德。巴斯德实在太权威了，没人愿意对他的理论提出挑战，伊万诺夫斯基也不例外。他推测，也许烟草花叶病的致病因子只是细菌产生的一种毒素。

纪念伊万诺夫斯基和他的过滤器（左下角）的邮票

6年以后，荷兰微生物学家贝杰林克在研究

贝杰林克

烟草花叶病时发现，把患病烟草的汁液注射到健康烟草中可以使健康烟草患病，而且后者的汁液还可以继续感染新的健康烟草，这说明汁液中有活的生物。贝杰林克提出这种生物具有以下特点：非常微小，能通过细菌过滤器；在体外非生命物质中不能生长；只有在活的植物细胞中才能进行繁殖。这真是令人激动的发现！贝杰林克认为，烟草花叶病的致病因子不是细菌，而是比细菌小且有传染性的生物，他给这种生物取名为“病毒”(virus)。

贝杰林克首先提出烟草花叶病的病原体是一种“过滤性病毒”，一举打破了当时人们普遍信奉的疾病菌源说的传统框架，令人们对生命世界的认识进入更加微观的层面。不过，贝杰林克认为病毒以液态形式存在，今天看来这显然是错误的。科学的发展就是这样，旧的理论不断被修正、完善甚至被推翻，新的理论不断产生，周而复始，人们永远处在对真理的不断探索中。

病毒一直在我们周围

古人虽不知道“病毒病”的病因，但已经积极探索了防治措施。例如，为防治天花，古代中国人发明了人痘术，后来英国乡村医生詹纳又发明了牛痘术；法国微生物学家巴斯德则发明了狂犬病疫苗。过去人们对病毒病的研究，纯粹从防治疾病的实际需要出发，并且都是在对病毒本质茫然无知的情况下进行的。

今天我们已经知道，许多疾病都是由病毒引起的，如天花、脊髓灰质炎、狂犬病、流行性感冒、病毒性肝炎、水痘、麻疹、流行性腮腺炎、手足口病、流行性乙型脑炎、病毒性心肌炎、获得性免疫缺陷综合征(俗称艾滋病)、SARS和禽流感等。最常用并且有效的病毒防治手段就是接种疫苗。

2 吃细菌的病毒

特沃特

除了感染动植物和人类的病毒，还有一种奇特的病毒，专吃细菌，这种特殊的病毒叫做噬菌体。

1915年，英国细菌学家特沃特正苦恼得很，因为他培养在琼脂上、本应长成一片的葡萄球菌总是受到“污染”，没法继续生长，而且经过一段时间以后，这些污染点变得光滑而透明。他本来应该把所有受污染的菌落，连同他的苦恼一起丢进垃圾桶里，继续钻研“健康”的菌落，但他出于好奇，研究了那些变得光滑而透明的菌落。他发现，如果把透明部分挑一点出来，放到长好的葡萄球菌菌落上，不久，好的菌落也会变得透明。看来透明部分中有一种可以破坏细菌并连续传递的东西。因为这种东西能够通过细菌过滤器，所以特沃特推断这种东西是一种病毒，它生长在细菌细胞内，最终破坏这些细菌细胞。

可惜的是，特沃特仅以简短的笔记形式发表了他的这项成果，并且第一次世界大战带来的动荡使得他不得不中断这方面的研究工作，所以特沃特的发现当时并没有引起人们的重视。直到两年后的1917年，法国微生物学家德雷勒也独立地发现了能侵染细菌的病毒，并将这种生物命名为“噬菌体”，意为“吞噬细菌的病毒”。由于噬菌体太小，德雷勒无法亲眼看到它的真面目，但他没有把噬菌体看作是一种液体，而是将它想象成单个的、不可见的、只寄生在细菌体内，并能繁殖的颗粒。

德雷勒

德雷勒的发现使当时不少人认为，既然噬菌体能“吃掉”细菌，那它不就是治疗细菌性疾病的“灵丹妙药”吗？但是后来发现，噬菌体太“挑食”了，往往一种噬菌体只能侵染某一类细菌，无法开发成像抗生素那样能对抗多种致病菌的药

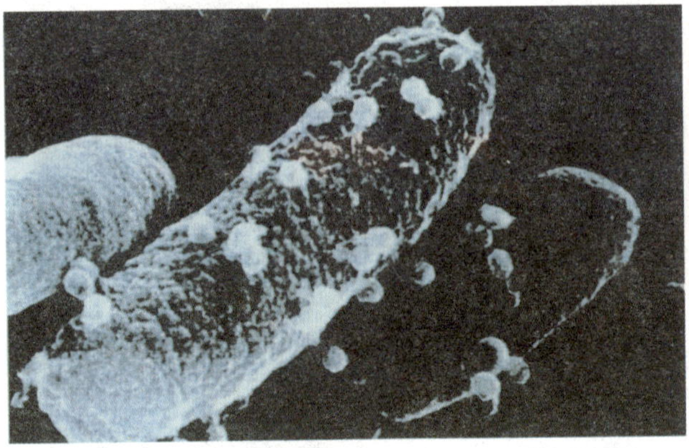

许多噬菌体附着在大肠杆菌上

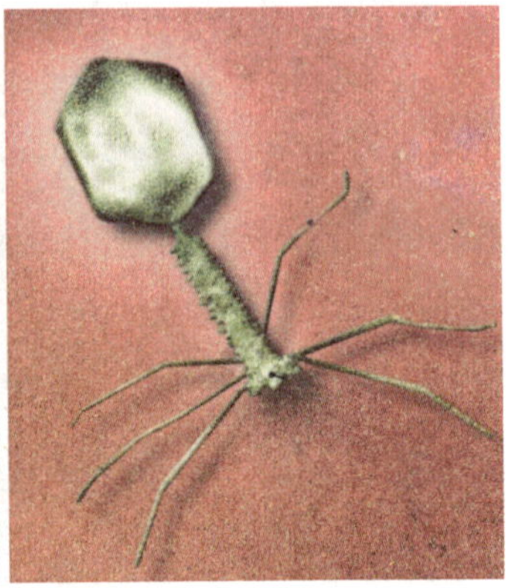

T4噬菌体的电子显微镜照片

物。因此，噬菌体并没有在医疗上发挥多大作用。

不过，噬菌体的发现仍然意义重大，因为它不仅强化了病毒是微生物这一概念，还开辟了生命科学研究的新领域，许多科学家利用噬菌体，揭开了不少生命的奥秘。

3 揭开病毒的真面目

20世纪初，科学家们发现并证实了许多种动植物疾病其实是由病毒一手造成的。但是，病毒是蛋白质，是核酸，还是一种无机物？它是方是圆？是像细胞一样有规则、固定的形状，还是像变形虫一样外形变化多端？科学家们一直在努力揭开这些谜团。

既然烟草花叶病是病毒造成的，那从患病的叶子中不就能提取出烟草花叶病毒吗？想法很简单，做起来可没那么容易。1935年，美国生物化学家斯坦利费尽千辛万苦，才从1吨重的烟叶中提取出不满一小匙病毒结晶。这些结晶在显微镜下看起来是针状的。斯坦利当时认为，病毒是一种蛋白质。但是不久之后，又有科学家发现，病毒不仅含有蛋白质，还含有核酸；有的病毒只含有脱氧核糖

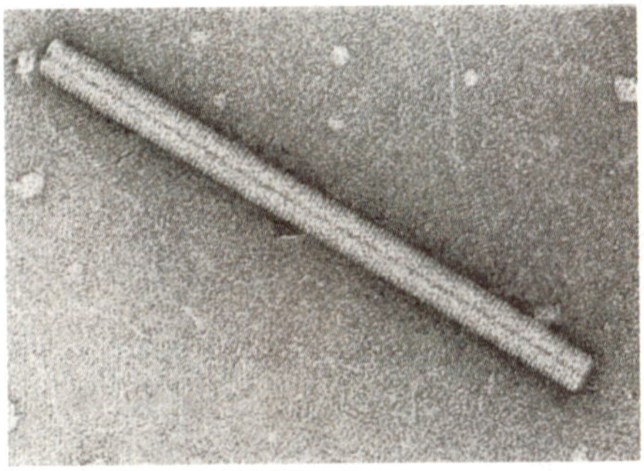

烟草花叶病毒的电子显微镜照片

核酸(DNA),有的病毒只含有核糖核酸(RNA)。

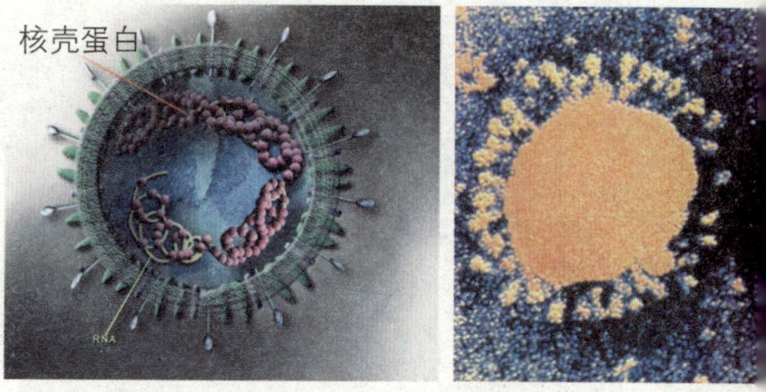

SARS病毒模式图(左)和电子显微镜照片(右)

虽然病毒被结晶了,但结晶的形状并不是它的真面目。我们能像看到单个细胞那样看见单个病毒吗?病毒粒子太小了,光学显微镜无能为力!一切得等到更先进的显微镜出现。1939年,德国科学家考施第一次在电子显微镜下看到了烟草花叶病毒的模样,它是杆状体。自那时起,科学家利用电子显微镜,看到了更多病毒的形态。例如,大多数噬菌体看起来像条小蝌蚪,SARS病毒外形像球,引起艾滋病的人类免疫缺陷病毒(HIV)是多边形的。引起1918年大流感的病毒也找到了,据科学家分析,它很可能是如今引起甲型流感的病毒——H1N1病毒的“祖先”。

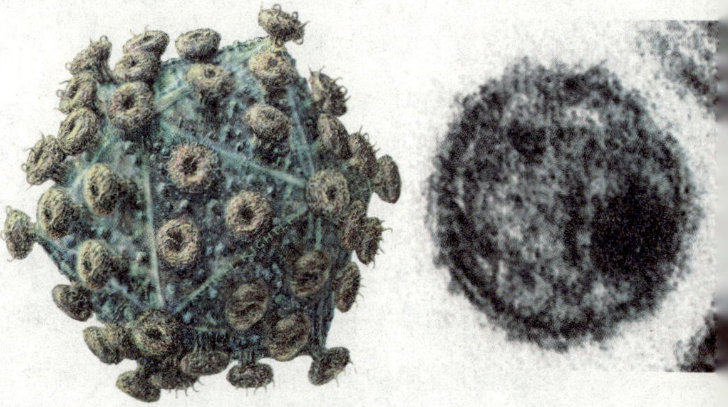
HIV模式图(左)和电子显微镜照片(右)

后来的科学研究表明,病毒平常就像无生命的晶体。一有机会,它就用蛋白质外壳抓住细胞,把壳内的遗传物质——核酸“注射”到细胞中,像脱壳的蝉一样把完整外壳留在细胞外。病毒的核酸侵入细胞后会马上“活跃”起来,利用细胞内丰富的资源,合成新的核酸和蛋白质外壳。最后,外壳把核酸“包装”好,生成许许多多新病毒。新病毒撕裂细胞而出,寻找下一个攻击目标。细胞的资源被占用,没法执行正常的生物学功能,细胞最后还会被破坏,所以被病毒感染的生物就“生病”了。

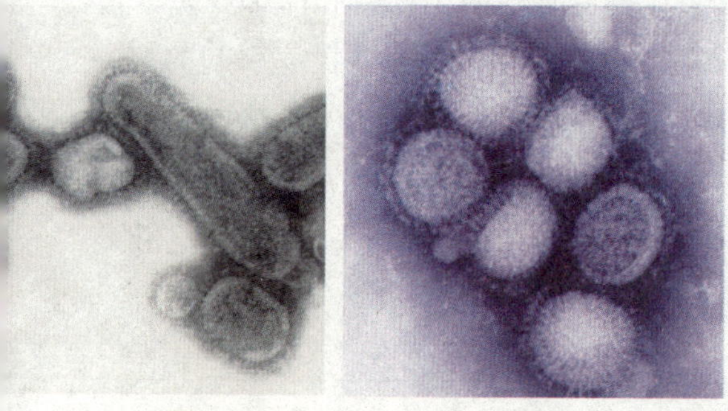
引起1918年大流感的病毒(左)和H1N1病毒(右)的电子显微镜照片

4 牛儿发疯它做主

普鲁西纳

故事说到这里，你可能觉得人们已经基本了解病毒的面貌了。可是，新的科学发现再次颠覆了人们的常识：有的病毒只含蛋白质，没有核酸！

早在1730年的欧洲，一种羊瘙痒症引起了人们的注意。生病的羊儿变得异常兴奋，走起路来跌跌撞撞，最终瘫痪死亡。由于病羊一个劲儿在栅栏或墙上摩擦挠痒，因此这种病称为“羊瘙痒症”。人们解剖病羊时发现，病羊的脑组织不再结实光滑，而是像海绵一样有许多孔洞。200多年来，科学家利用各种手段，试图找出引起这种疫病的病原体，但一无所获。20世纪60年代，英国生物学阿尔卑斯有了意外的发现。他用射线处理病羊的感染组织，把其中的核酸破坏殆尽之后，发现这些组织仍然能使健康的羊得病。由此，他大胆推测，羊瘙痒症的病原体不含核酸，可能仅是一种蛋白质。可是，核酸是遗传物质，没有它，病原体根本不可能“传宗接代”，也就不可能“传播”疫病。阿尔卑斯的推测严重违背了当时的生物学常识，于是被搁置一边，直到美国生物学家普鲁西纳有了惊人的发现。

普鲁西纳研究的是克—雅氏病，得了这种病的人，脑组织会出现海绵状病变，最初的症状是视力减退，后来会出现痴呆、肌体抽搐等症状，病情严重的还会死亡。当时推测该病可能与病毒感染有关。当普鲁西纳还是一名年轻医生的时候，曾眼睁睁地目睹了他的一位60岁的女病人痛苦地死于克—雅氏病引起的痴呆症。此后，他决心找出克—雅氏病的病因，并找到有效的治疗方法。

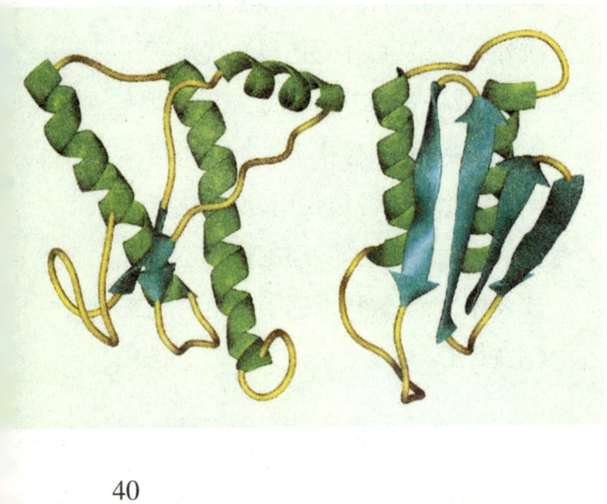

正常的蛋白质（左）和“变质”的蛋白质（右）

普鲁西纳做了许多工作，但没有找到引起克—雅氏病的“病毒”。于是，他转而研究羊瘙痒症，再与人的克—雅氏病对照。1982年，根据大量的实验结果，普鲁西纳大胆地提出，人的克一雅氏病与羊瘙痒症是由同一种病原体引起的，而且，这种病原体仅具有蛋白质，不具有核酸。为了把它与细菌、真菌、病毒及其他已知的病原体区别开来，他将这种蛋白质致病因子定名为“prion”(朊粒)。

后来，普鲁西纳和其他科学家的研究结果表明，朊粒是一种“变质”的蛋白质。在生物体中，正常的蛋白质都有一种特殊、稳定的立体结构，一旦立体结构破坏(变质)，就不能执行原有的生物学功能了。“变质”的蛋白质越多，生物体就病得越厉害。朊粒不仅立体结构不同于正常蛋白质，还能把身边正常的蛋白质转变成跟自己一模一样的“变质蛋白质”。从这点上说，它确实能够“复制”自己，有“传染性”，是一种特殊的传染性粒子。

疯牛病流行，食用牛肉汉堡也变得不安全

朊粒的发现，让人们见识到了一种新的致病因子和致病方式，不仅解释了克一雅氏病和羊瘙痒症的病因，还解释了疯牛病的发病机制。疯牛病的学名是牛脑海绵状病，顾名思义，病牛脑组织也出现海绵状病变，变得烦燥，进而痴呆，最后死亡。20世纪80年代以来，在英国已经有成千上万头牛感染上了疯牛病。更麻烦的是，有不少人因食用病牛肉而生病了，这在欧洲引起了极大的恐慌，中国也禁止从有疯牛病疫情的地区进口牛羊肉。现在认为，疯牛病的元凶就是朊粒。由于病死的牛和羊的内脏和骨头被做成了牛饲料，健康的牛吃了这种饲料也病倒了，于是患病的牛越来越多。对朊粒的深入研究将会使人们进一步了解疯牛病、克一雅氏病等疾病，进而开发出新的药物和治疗方法。

你瞧，从参天的巨型红杉，到电子显微镜下才能现形的流感病毒，生命世界是如此丰富多彩和神奇，充满了未知的奥秘，也许还有比病毒、朊粒更奇特的生命形式正等待着你们去发现！

5 小柳树开创的大视野

距今300多年前的一天，是一个特殊的日子，海尔蒙特就要“收获”他种下的柳树了。

5年前，海尔蒙特准备了泥土、一株柳树苗和一个大木桶。他先将泥土晒干、称重——90千克，然后给柳树苗也称了重——2.25千克，最后将柳树苗种入木桶中。他还小心翼翼地给木桶盖上盖子，不让灰尘、水还有其他杂物掉入桶中。

此后，他只给柳树苗浇雨水，不施任何肥料。柳树苗发芽、长叶，5年过后长成了一株又高又粗的柳树。

他小心地从盆里拔出柳树，将根上的泥土一一刷入盆中，不让盆里的泥土有一点损失。他小心地再次将盆中的泥土晒干、称重，发现柳树变成了76.1千克，减

1 小柳树啊你靠什么长大？

以上这个实验，是历史上著名的柳树实验，它推开了植物生理学研究的大门，开启了光合作用研究。这个实验始于一个简单的问题：树木长大靠什么？探究这个问题的人，是比利时科学家海尔蒙特。

海尔蒙特生活在300多年前。他小时候讨厌读书，为了表示对书本的厌恶，他点火烧掉了自己的课本，甚至烧掉了父亲的图书馆。他就读过许多学校，每一次都是有始无终。他并不笨，只是生活没有方向，学习也缺乏动力。

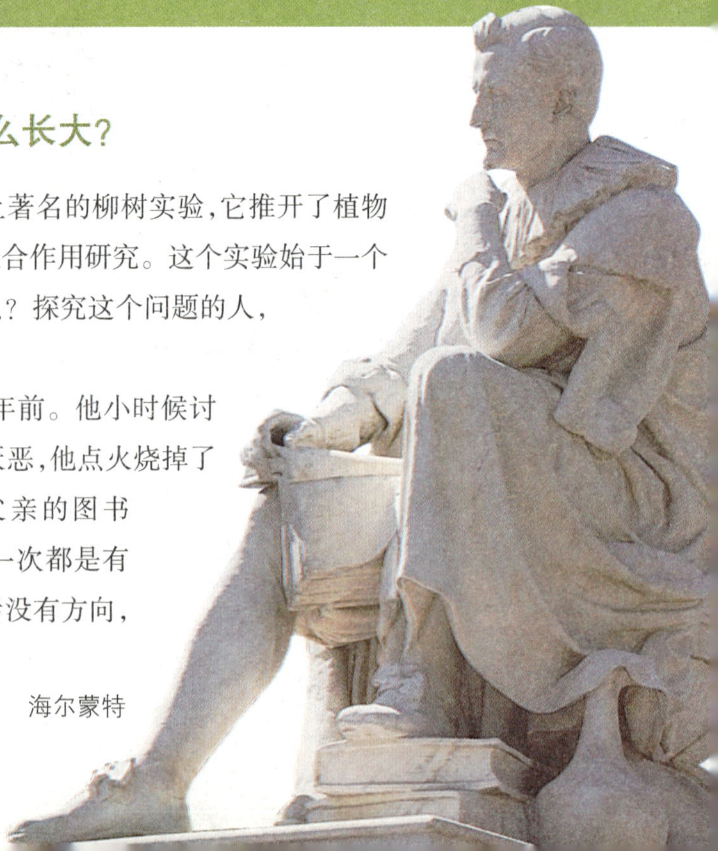

海尔蒙特

海尔蒙特的柳树实验

去原来的2.25千克，净长了73.85千克，可泥土只少了0.1千克。而且他认为，少了的这0.1千克，是称量时的误差造成的，也可能是风吹落尘土，造成了损失。基本上可以认为，泥土的分量一点儿也没少。

这就值得深思了：小柳树从一株瘦小的树苗，长成又高又壮的大柳树，难道只靠天天喝雨水吗？

但是，游荡和偷懒并没有带给他快乐，他有时会思考这样一个问题：人生应该怎么度过？一次偶然的机会，他翻到了一本书，书里有这样一句话："最高深和最有益的学问就是对自己具有正确的认识和评价。"这句话触动了他。他觉得这真对，他必须认识自己，而认识自己需要知识。知识是认识的基础，没有知识，认识就成了无本之木，无源之水。他开始努力读书，发誓要将荒废的时间夺回来。

以前觉得书本上的知识是那么的枯燥乏味，现在却觉得津津有味；以前看到书本就头疼，现在，书却成了他最亲密的朋友。经过一番努力，他终于在31岁那年从医学院毕业，取得了医师的资格，可以开办诊所、收治病人了。但是，他即不开业，也不从医，他的兴趣是进行科学研究。

海尔蒙特对植物的生长十分感兴趣。在对植物的研究中，海尔蒙特不断地发现和提出问题。比如：婴儿靠吃奶长大，成人靠吃食物才能活着，那植物是"吃"什么长大的呢？是泥土吗？

在常人看来，读了医学却不从医，去研究"树木长大靠什么"这样的问题，是多

海尔蒙特的其他贡献

海尔蒙特认为，化学是开启医学之门的一把钥匙。最重要的不是以现有的医学知识为人治病，而是要揭示更新的医学奥秘，用更好的方法治疗疾病。于是，他来到维伏迪城，过着隐姓埋名的生活，研究医学化学。

他的发现一个接着一个。在他那个时代，无论是在东方还是在西方，人们都痴迷"炼金术"，大炼仙丹，认为仙丹可以延年益寿，令人返老还童。他通过研究发现，仙丹的成分原来是汞和它的化合物，而这些物质是有毒的，会对人体产生极大的危害。许多为了长寿而炼丹的人，不仅没有长寿，反而因为服用丹药而早死。他还发现，将尿酸和钙混合在一起，会产生白色的沉淀。尿路中的结石就是这样产生的。就这样，他最早提出了尿路结石产生的生理学机制。他最早从胃里提取胃液，测出了胃液呈酸性。他还发现，胃酸过多会产生不适、胃疼，胃酸过少会消化不良。

无聊、多奇怪啊！幸亏，有一个人理解他的工作，愿意做他的助手。这个人后来成了他的妻子。

树木靠什么长大呢？古希腊伟大的哲学家亚里士多德提出，植物靠根部吸收土壤中的养料长大。但海尔蒙特并不迷信权威，他再次提出了这个问题，并且认为，答案不是靠苦思冥想就能得出，而是需要观察和实验。所以，海尔蒙特就花了5年时间，进行了这个著名的柳树实验。

海尔蒙特从实验中得出结论：植物不是靠根部吸收营养而长大的，它们生长所需要的营养来自雨水。当然，这个结论并不准确，因为植物生长不仅吸收水，更需要利用光合作用固定空气中的二氧化碳生成有机物，还需要吸收氮、磷、钾等肥料及多种微量元素。但是，这个实验在科学上有着很深刻的意义。

第一，它用实验来验证某种认识是否合理。科学实验往往在一定的条件下进行，这些条件由实验者控制。实验可以证实某种认识的正确性，也可以推翻以往大家所坚信的某种结论。

第二，它开始了植物生理学问题的定量研究。科学研究可以是定性研究（只研究事物的特性），也可以是定量研究（研究事物一定的数量关系）。定量研究能更深刻地揭示事物变化的内在规律，特别是数量变化的规律。在300多年前，海尔蒙特就能对植物进行定量研究，这是很不简单的。

第三，这个实验提出了更多的问题，为植物生理学的发展开拓了非常广阔的空间。例如，它开启了光合作用研究的大门，引发了后人对植物叶子的研究，还让人开始思考植物所需要的营养物质有哪些。

知识开始于问题。在知识的理解上，一代一代的科学家像是自然界的探险者，从发现问题开始，一步一步地探索，一点一点地发现，不断地揭示着大自然的奥秘。正如伟大的物理学家爱因斯坦所说："提出问题已经是解决问题的一半。"

2 修道院里的科学家

黑尔斯

科学家黑尔斯生活在英国，是与牛顿同时代的人，他的著作出版时曾得到牛顿的推荐，当时牛顿是英国皇家学会的会长。黑尔斯受牛顿的影响很深，甚至把牛顿用于物理学的定量实验方法应用到植物研究上。

也许有点令人意外，黑尔斯是一个牧师，他的主要工作是讲道、传播福音，但他一有空就孜孜不倦地研究科学，特别是植物生理学。黑尔斯有着很高的道德素养，他努力探求科学真理的同时，也努力做着有益于民众的好事。1709年，他成为特丁顿地区的牧师，并以此度过了他的余生。他一到特丁顿，就帮助当地人挖了一条沟渠，好让人们喝到干净的水。他发现当地居民室内的空气非常恶劣，于是设计了通风装置，改善了居室的空气条件。由于他的成就，他被任命为伦敦地区的大主教，但是，他淡泊名利，坚持留在特丁顿当一个小牧师，直到去世。

黑尔斯最大的贡献在植物生理学。当时人们曾经设想，动物依靠心脏将血液

植物的蒸腾作用，叶子“出汗”

泵到全身，植物也许也会有心脏，将吸收的水分输送到全身。但后来发现植物是没有心脏的，那么，根部吸收的水分和养料是怎样输送到植物全身的呢？黑尔斯发现，就如人会不断地出汗一样，植物的叶子也不断地“出汗”。他想，叶子出汗有什么作用呢？他通过研究发现，植物的叶子不断地蒸发着水分，这就是蒸腾作用。蒸腾作用使根部吸收的水不断地上升，同时也使根部吸收的养料跟着水分输送到植物各个部位。黑尔斯还成功地测量了“植物吸收和排出的水汽的数量”。

黑尔斯还认为，植物“通过其叶子从空气汲取一部分养料”，“叶子的一大用途是在一定程度上尽维持植物生命之职，一如动物的肺之维持动物生命之职”。

1727年，黑尔斯出版了《植物静力学》一书，这是科学史上第一本植物生理学

黑尔斯的其他贡献

黑尔斯测量马的血压

黑尔斯对科学的贡献是多方面的。在哈维发现了血液循环以后，1733年，黑尔斯出版了《血液静力学》，深入研究了血压与血液的关系、血液在血管内流动等问题，这本书是18世纪人体生理学最重要的著作之一。现在我们常用的血压计，就是他发明的。他是世界上第一个测量血压的人。

黑尔斯还认识到只有一部分空气对植物的营养起作用。他提出了用蒸馏法从海水中提取淡水。他做过关于氢、一氧化碳、二氧化碳、甲烷和二氧化硫等气体的实验，但没有清楚地认识到这些气体之间的差异。

著作，记载了关于植物的生长速度、树液流动、树液压力、叶子的蒸腾作用和气体交换等方面的124个实验，黑尔斯也由此被认为是植物生理学的创始人。

1722年，黑尔斯被选为英国皇家学会会员。1761年1月4日，黑尔斯在特丁顿去世。英国皇家学会想将他葬在西敏寺，这是安葬英国杰出人物的地方，牛顿就在这里安息。但是，黑尔斯生前留下遗嘱，要葬在特丁顿教会后的小坟场。他的墓碑上刻着："他帮助别人渡过困难，他为上帝探索奥秘。"今天，世界上植物学的最高学术奖就以他的名字命名，称为"史蒂芬·黑尔斯奖"。后人为了纪念他，写了以下的诗篇：

绿色的特丁顿清静明朗，
是从事科学研究的好地方。
优秀牧师黑尔斯在这里，
解剖过狗、马和青蛙，
还用天平称过水汽的重量。
他以探索大自然奥秘为快乐，
也不时为此而烦恼、徬徨。

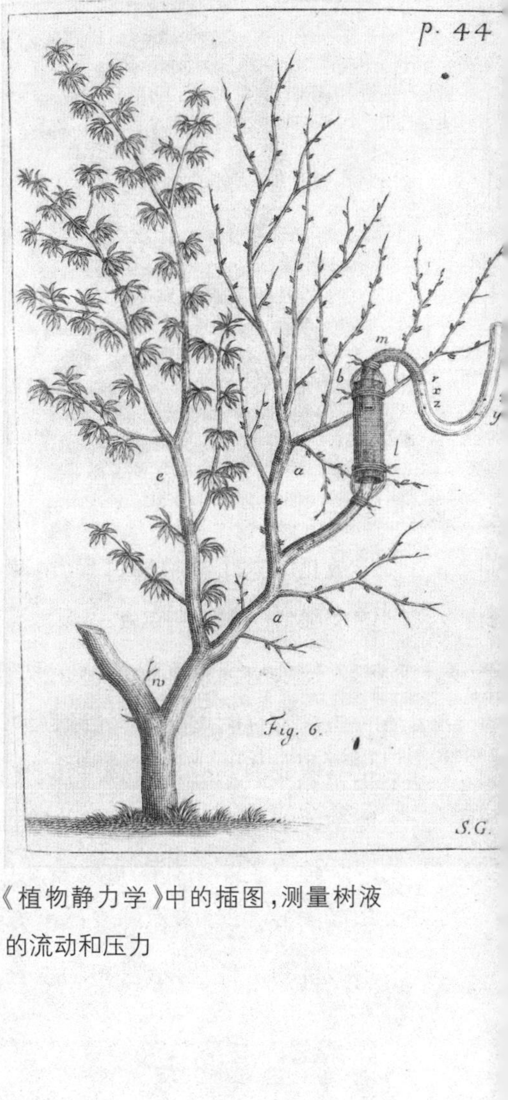

《植物静力学》中的插图，测量树液的流动和压力

3 植物生理学的奠基者萨克斯

萨克斯是德国植物学家，植物生理学的开创者和奠基者之一。萨克斯1832年生于布雷斯劳(现波兰弗罗茨瓦夫)，由于家境贫困，兄弟姊妹中有5个相继夭折。萨克斯顽强地活了下来，但后来的求学之路充满艰辛。

俗话说，兴趣是最好的老师。孔子也说，"知之者不如好之者，好之者不如乐之者"。萨克斯从小喜欢观察各种植物，爱采集、收藏各类植物标本，还自己分门别类地制作植物图谱。在采集、绘画等兴趣活动中，他学习到了许多植物学的知

萨克斯

识，开始对植物的各种奥秘产生了浓厚的兴趣和深深的疑问，例如：植物为什么会长高，根为什么会深入地下，等等。他的疑问，引导他探索植物的奥秘；他的兴趣，推动他孜孜不倦地工作，将他引进了植物生理学的大门。

萨克斯研究的范围非常广阔。例如，他研究种子发芽时种子所贮存的物质会发生什么变化。一颗黄豆吸收水分后，体内会发生复杂的变化，维生素会增加，有些酶会形成；细胞开始分化，有的形成芽，有的形成根。这个复杂的过程，由萨克斯首先进行了研究，是他最早揭示了种子发芽的奥秘。

他还研究植物在纯营养液中的生长和对矿物质的吸收，研究不同的温度对植物生长发育的影响，研究冻害会给植物的生理造成什么样的严重后果。他研究植物吸收光的效应，研究植物的叶、花、茎、根系的形成，以及根的生长过程。他还研究植物的向光性和向地性等的机制。

他有了一系列的重要发现。他证明，叶绿素仅存在于叶绿体中，进行光合作用的时候，叶绿素在叶绿体中发挥作用，使植物吸收二氧化碳和水，生成氧气，并形成淀粉。他还发现，植物生长主要不是依靠细胞数量的增多，而是依靠细胞的

植物的向光性，即植物会向着有阳光的一面生长

植物的向地性。即使花盆倒了，花盆里的根仍会向下(地面方向)生长，而不会横着长

增大。他还发现,不同环境对各种植物的生理活动有不同的效应,例如,在有的温度下,植物就停止生长,在有的温度下,植物最快地生长。

萨克斯不仅在植物生理学研究中有了一系列的发现,在实验技术和方法上也取得了一些创造性的成果。为了研究和测量植物的新陈代谢,萨克斯首创了“水培植物”的方法。运用这种方法,萨克斯发现,植物即使离开土壤,也可以在营养液中充分地生长发育。这为后来的无土栽培创造了良好的开端。

为了确认光合作用的产物之一是淀粉,他需要一种“指示剂”来监测,为此他发明了用碘来检测叶绿体中是否合成了淀粉。植物光合作用的强弱如何,他主张用产生氧气的多少和快慢来衡量。他还发明了观察根的向地性的玻璃箱,透过玻璃,可以定量地观察根的生长状况,原来隐藏在地下的生长奥秘,终于被萨克斯揭示得清清楚楚。

萨克斯在维尔茨堡大学建立了植物生理学的专业实验室。这个实验室不仅取得了许多科学发现,还培养了很多植物生理学研究的人才,曾在这个实验室工作的人,很多成了国际著名的植物生理学家。

萨克斯设计的观察植物生长的玻璃箱

萨克斯所开创的植物生理学,是一门揭示植物生命活动规律和植物生命现象本质的科学,主要研究植物的物质代谢、能量转化和生长发育等的规律与机制、调节与控制,认识植物体内外环境条件对其生命活动的影响。直到今天,植物生理学的研究对于加深我们对植物界的深入认识,促进农、林、牧业的发展,仍然具有重要的意义。

6 利用太阳

英国化学家普里斯特利对“空气”极感兴趣，总能想出各种稀奇古怪的方法研究空气。他曾把一支点燃的蜡烛放在密封的玻璃罩内，蜡烛不久之后熄灭，这时，如果把一只小老鼠放进玻璃罩中，小老鼠很快一命呜呼。他猜想，空气中可能存在不只一种气：一种是“干净的空气”，蜡烛燃烧时，这种空气就会被污染，进而产生一种“污浊的空气”。他想尽了办法净化“污浊的空气”，但都失败了。

但他不甘心，又开动脑筋想到，植物似乎不会像动物一样呼吸，那它们会不会

1 二氧化碳变面包的秘密

普里斯特利的实验，其实显示了自然界最伟大的化学过程之一——光合作用。绿色植物或光合细菌吸收光能、水和二氧化碳，制造出地球上多数生命必不可少的两种物质：氧气和糖类。氧气就是普里斯特利实验中能使蜡烛燃烧、小老鼠存活的物质，地球上的需氧生物，每分每秒都离不开氧气。糖类是实验中让植物长出花蕾的营养物质之一，包括葡萄糖、淀粉和纤维素等。不仅植物要利用糖类提供的营养和能量，动物也要通过食用植物而获得糖类。光合作用对我们人类

普里斯特利

英根豪茨

塞尼比耶

索叙尔

普里斯特利的实验

在污浊的空气中死去呢？他把点燃的蜡烛和一盆植物同时放到一个密封玻璃罩内，发现蜡烛能长时间燃烧，并没有很快就熄灭，而植物不仅没有死，还长出了花蕾。而如果同时把小老鼠放进去，小老鼠也能活上很长时间。他不由想到：莫非植物可以净化污浊的空气，使蜡烛燃烧，使小鼠存活？

和绝大多数地球生命都非常重要，但对它的认识经历了漫长岁月。

17世纪，比利时科学家海尔蒙特进行了著名的“柳树实验”，一般认为，这迈出光合作用研究的第一步。

100多年后，普里斯特利迈出了第二步，标志就是上面那个实验。然而人们在重复这个实验时，有时候成功，有时候却失败，这令科学家百思不得其解。这期间，随着气体化学研究的不断进步，人们已把“污浊的空气”命名为二氧化碳（CO_2），而把“干净的空气”命名为氧气（O_2）。18世纪末，荷兰科学家英根豪茨终于解开了普里斯特列实验时而成功时而失败的谜团：植物只有在日光下才具备净化污浊空气即放出氧气的能力，而且仅限于植物的绿色部分，在黑暗中则放出二氧化碳。“日光”和“绿色植物”是实验成功的要素。与此同时，瑞士牧师塞尼比耶证明植物在放氧的同时，伴随着吸收二氧化碳，他还认为，二氧化碳的吸收与营养有关。

正当光合作用的大概轮廓呼之欲出之时，“定量实验”又来帮了把忙。在化学反应实验中，精确地测量反应物和生成物的质量，可以提示关于该反应更深层次的秘密。生物体内的反应也遵循化学原理。19世纪初，瑞士化学家索叙尔通过精确的定量分析发现，在光照条件下，植物所吸收的二氧化碳中所含的氧，要远远小于它所释放的氧气中所含的氧，也就是说，植物所吸收的水也参与了这一放氧反应。

半叶法实验结果。叶子上半部分没有接触阳光，因此没有变黑

至此，科学家对光合作用的认识总结起来就是：绿色植物在光照条件下，吸收水和二氧化碳，在体内将之转化为氧气和营养物质。但这个“营养物质”具体又是什么呢？植物生理学的奠基人之一、德国科学家萨克斯解开了这个谜。

1864年，萨克斯做了这样一个试验：把一棵天竺葵放在暗处一昼夜，让叶片中的营养物质被消耗掉，这样一来，以后检测植物新产生的营养物质就不会被先前的营养物质干扰。然后把植物中一片叶的一半遮住不透光，把植物搬到太阳下暴晒，叶子于是在阳光照射下进行光合作用。一段时间后，用碘蒸气喷洒在叶片表面。萨克斯发现，遮光的部分没有发生颜色的变化，而曝光的那一半叶片则呈现深蓝色。由于碘遇淀粉会变蓝，因此萨克斯的实验成功地证明，绿色叶片能产生糖类（淀粉等）。

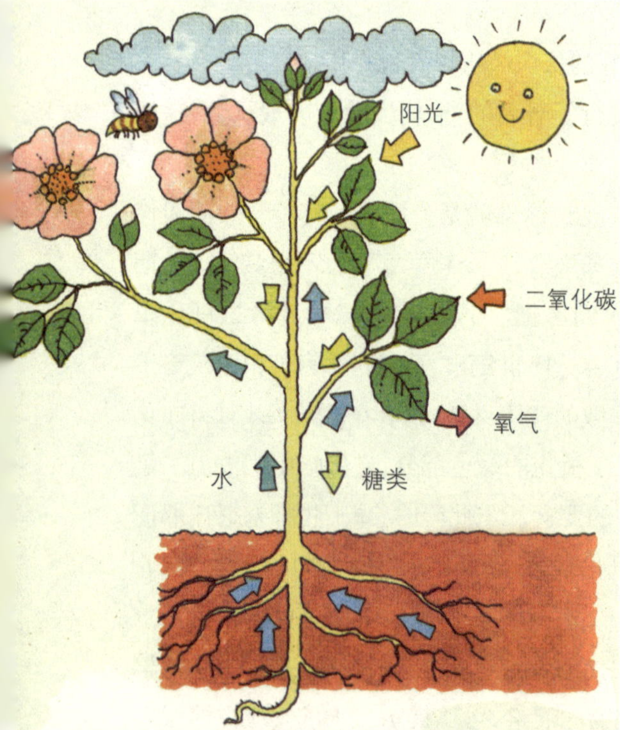

光合作用

科学家发现，光合作用产生的营养物质中含有碳、氢和氧3种元素，其中氢和氧之比为2∶1，与水分子中的氢和氧比例一样，因此把这些营养物质统称为“碳水化合物”。后来发现，有些同类物质并不符合这个比例，因此将它们改称为糖类。淀粉就是一种糖类，它是生物体能量的主要来源。植物重量的增加，进而成为各种动物食粮的秘密，就在于此。

2 绿色、红色和蓝色

为什么只有植物的绿色部分才能进行光合作用呢？这个疑问于1880年由德国科学家恩格尔曼解开。恩格尔曼选用的实验材料与他的前辈们很不同，是一种丝状藻类植物——水绵。当时，恩格尔曼在显微镜下观察到，水绵丝原来是由圆柱形细胞连接而成的。在每个细胞里，都有一至多条绿色的带状体，呈螺旋形排列，被称为“叶绿体”。

水绵

恩格尔曼将水绵和一种好氧细菌放置在一起，这种细菌的特点正如其名——无氧不欢，哪儿有氧就往哪儿去。然后，他将水绵和细菌一起放到没有空气的黑暗环境里，再用极细的光束来照射水绵。在显微镜下他发现，好氧细菌“扎堆”在一起，位置正是叶绿体被光束照射到的部分，说明这里产生了氧气。而如果将水绵和细菌完全暴露在光下，细菌则集中在叶绿体所有被光照到的部位。这个实验说明，氧是由叶绿体释放出来的，由于氧是光合作用的产物之一，因此，叶绿体就是绿色植物进行光合作用的场所。

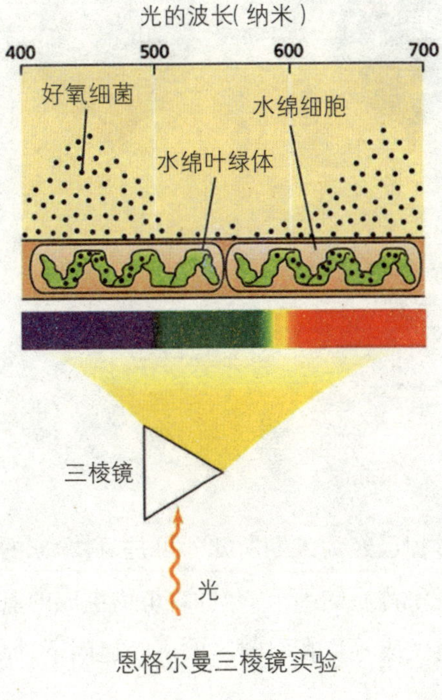

恩格尔曼三棱镜实验

证明了这一点以后，恩格尔曼紧接着又做了一个实验：他利用三棱镜把白光分解为七种色光，然后用这七种色光照射水绵和好氧细菌。恩格尔曼惊奇地发现，大量的好氧细菌聚集在红光和蓝光照射的区域。原来，叶绿体在进行光合作用时，吸收的是红光和蓝紫光。因为叶绿体吸收了白光中的红光和蓝紫光，剩下绿光反射进人的眼睛，所以它看起来是绿色的。

挑战无极限

改进半叶法

恩格尔曼的实验很有趣，可惜有一定的难度。其实，我们可以用萨克斯的半叶法，在一定程度上重现恩格尔曼的实验原理。

准备红色、蓝色和绿色的半透明玻璃纸，还有不透光的黑纸，把它们剪成一定形状。按前文所述方法，进行萨克斯的半叶法实验，并用这些纸片遮住叶片不同部位。用碘显色后，我们会发现，黑纸不透光，因此黑纸遮住的地方不会发生光合作用，叶子不变色。而用红色和蓝色玻璃纸遮住的地方，由于红色和蓝光可以通过，光合作用还是能发生，叶子也会变色。用绿色的玻璃纸遮住的地方，绿光透过，但是由于绿光不被叶绿体吸收，这个地方的叶子颜色也不会有太大改变。总之，透过的红、蓝光越多，光合作用越强，这个地方叶子的颜色就越深。

多试试其他颜色的玻璃纸，会发现叶子颜色深浅不一，也就是说光合作用强度会随光的颜色的改变而变化。这些变化和你原先设想的一致吗？如果不一致，结合物理中光色彩的原理想想这是为什么。

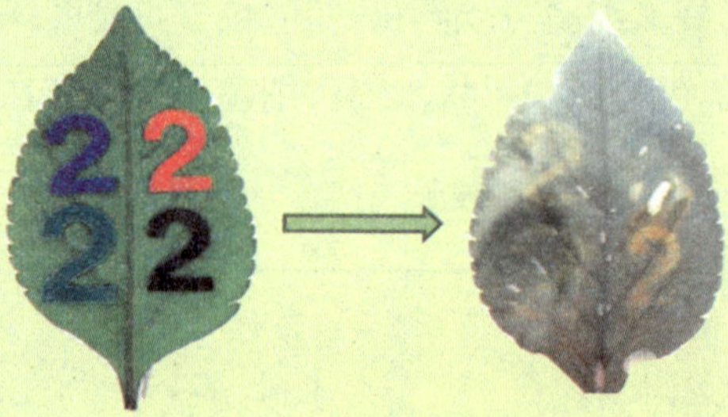

3 继续追踪光合作用

19世纪末，绿色植物中光合作用的全过程已经为人们所知。可是，科学家的特点就是不断地提出新的问题，探索简单表象背后的细节。例如，植物生成的氧气来源于吸收的水还是二氧化碳，糖类如何生成等。在科学家的不断追问下，原

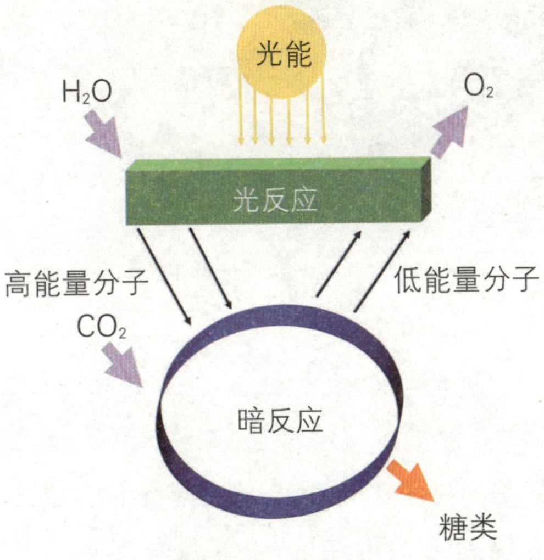

光反应和暗反应

本刚揭开了神秘面纱的光合作用，又有了一堆待解之谜。在不断的追问和探索中，科学在进步，人们对世界的认识在深入。

在研究光合作用的进程中，生物学、化学、物理学的不断进步，提供了不少新的技术手段。20世纪初，科学家发现，位于元素周期表同一位置的同一元素，具有不同的原子量，被称为“同位素”。同位素可用于追踪化学反应里某种元素的去向。例如，普通氧元素的原子量是16，它的一种同位素是氧18，如果氧18跑到了水分子里，这种水分子就跟由普通氧组成的水分子不同，很容易就被科学家找到。利用这种技术，美国科学家鲁宾和卡门在20世纪30年代进行了两组光合作用实验，一组用含氧18的水和普通的二氧化碳反应，结果产生的氧气里有氧18；另一组用普通的水和含氧18的二氧化碳，结果产生的氧气里不含氧18。这清楚表明：光合作用产生的氧全部来自于水，而不是来自二氧化碳。

早先的科学家没办法把进行光合作用的细胞打碎了来研究，因为那样的话，光合作用往往就不能正常进行了。可到了20世纪30年代末，英国生物化学家希尔已经可以从菠菜叶肉细胞中分离出叶绿体，并让它在细胞外进行光合作用。他意外地发现，叶绿体在光照条件下外加一些氧化剂，就可以放出氧气，这个过程中并不需要二氧化碳参与。后来，人们把这个化学反应称为“光反应”。

有“光反应”，当然有“暗反应”。暗反应就是把二氧化碳转化为糖类的过程，不需要光照也可以进行，但是，暗反应需要的

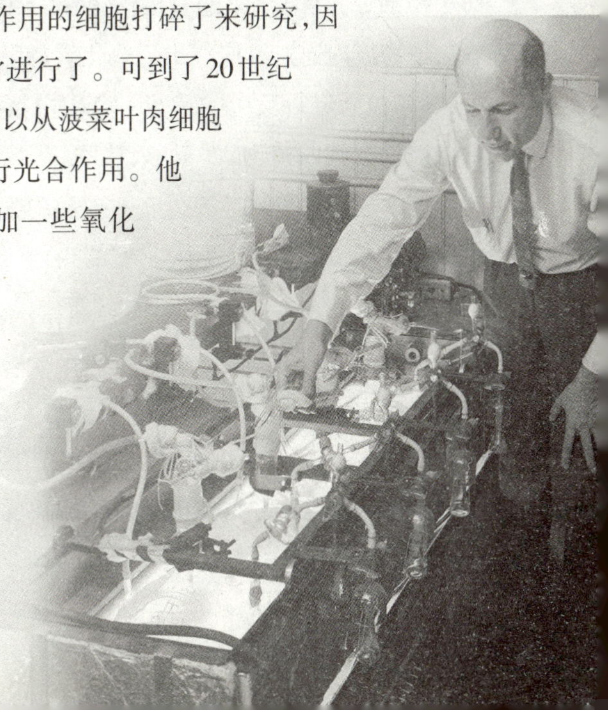
卡尔文

碳三植物——麦类

能量来自光反应。对暗反应的研究，首推美国科学家卡尔文。他用碳的同位素碳14“追踪”各个光合作用反应产物，结果发现，暗反应由好几个化学反应构成，这几个反应形成了一个首尾相接的“循环”。由于循环的最初产物含有3个碳原子，所以这个循环被称为“三碳循环”，或称为“卡尔文循环”。卡尔文也因主持这项研究而获得1962年诺贝尔化学奖。自然界中很多植物的光合作用是以“三碳循环”方式进行的，这样的植物称为碳三植物，如水稻、小麦等。

随后，人们又发现了一些新情况。一些耐干旱的植物会在白天关闭叶片气孔，以减缓高温下的蒸腾作用。但这样一来，植物也不能透过气孔吸收二氧化碳了。因此，它们只能在夜晚开放气孔，吸收并固定二氧化碳，只是它们暗反应的最初产物不是含有3个碳的有机物，而是4个碳的有机物——苹果酸。天亮后，苹果酸在植物体内通过反应释出二氧化碳，然后才进入卡尔文循环。这种晚上贮存二氧化碳、白天进行反应的特殊光合作用被称为“四碳途径”，进行这种光合作用的植物被称为碳四植物，如玉米、甘蔗、高粱等，多数都是能在较干旱高温地区生长的植物。这一类植物能充分有效地利用为数不多的二氧化碳，累积糖类等光合作用产物的速度也很快。研究它们的光合作用过程，对农业增产很有价值。

4 最无私的朋友

从本质上来说，光合作用就是绿色植物或者光合细菌利用太阳光将二氧化碳转化成糖类的过程。而从能量转换的角度，光合作用就是把光能转化为化学能的过程。

光合作用的出现，是地球历史上的重要事件。现在一般认为，地球在远古时代，有机物和氧气很少，后来有些原始生物演化出光合作用的能力，利用太阳光，以无处不在的水和二氧化碳作为原材料，自己生产“食粮”，自然界中的有机物不断增多。与此同时，它们所释放出的氧气也逐渐在大气中积累，导致大气层上方形成了臭氧层。臭氧层可以吸收一大部分来自太阳、对生物极为有害的紫外线，地球的环境越来越适合生物生存。再后来，植物出现在陆地上，以植物为食的陆地动物也越来越多，世界变得多姿多彩了。

现在，光合作用依然为地球绝大多数生物提供着氧气、有机物以及臭氧层保护。据估计，地球上的绿色植物每年能利用5500亿吨二氧化碳，释放出4000亿吨氧气！而我们的所有食物、煤和石油资源，归根到底都来自现代或古代植物的光合作用产物。

绿色植物为各种生物提供氧气、食物和庇护，是我们最无私的朋友。然而，我们不能认为这是理所当然的，而是更应该爱护它们，从减少纸张、木材浪费这些身边的小事做起。我们爱护的不仅仅是花草树木，更是我们人类自己。

7 先天，后天

在奥地利艾顿堡的一所老房子里，一个小男孩好奇地看着一只刚从邻居家买回来的小鸭子。这只小鸭子不久前才孵出来，又来到一个陌生的地方，不由得伸长了脖子，发出一连串惊恐的叫声。

看到小鸭子那么可怜，小男孩想试着安慰它，就学着母鸭发出呼唤小鸭子时的嘎嘎声。小鸭子听到了，立即换了一种回应的唧唧叫声，同时向男孩摇摇摆摆地走过来。原来，小鸭子把他当成了自己的妈妈。

1 蜜蜂的舞蹈

"小喜鹊，造新房；小蜜蜂，采蜜忙。幸福的生活从哪里来？要靠劳动来创造。"这则儿歌想必不少人听过。蜜蜂这种美丽可爱的生灵每日辛勤地在百花间穿梭，在为植物传播花粉的同时，把花粉和花蜜带回巢中，酿造出又香又甜的蜂蜜，营养价值极高的蜂王浆，还有好看又实用的蜂蜡。它们还非常善于团结协作，几百只蜜蜂在很短时间内就能造出又结实又漂亮的蜂巢。可你知道蜜蜂之间是怎样"交谈"的吗？是"嗡嗡"地鸣叫吗？不是，"嗡嗡"声只是蜜蜂高速扇动翅膀时发出来的，在蜂巢之上进行的"舞蹈"，才是它们用于交流的语言。发现这个秘密的，是奥地利科学家弗里施，他因对蜜蜂舞蹈语言的研究获得了诺贝尔生理学医

这个小男孩姓洛伦茨，他从小就很喜欢跟小鸡小鸭这类小动物打交道。在他成为那只小鸭子的妈妈后，整个夏天里，小鸭子形影不离地跟着他，散步、捉虫子、在多瑙河边的浅滩上涉水而行。男孩听得懂小鸭子所有叫声的含义，一旦他听到小鸭子在睡前需要温暖而发出的寒颤声，他会立即把小鸭子放进口袋或贴身的衣服里，用自己的体温保护着它。

人和鸭子长得完全不同，小鸭子为什么会把男孩当做自己的妈妈呢？

学奖。

弗里施从小就对蜜蜂有着浓厚的兴趣。长大后，他在自己的农场饲养了一群蜜蜂，整天呆在蜂巢边仔细观察蜜蜂的一举一动，为此经常被蛰得鼻青脸肿。有一次，因为他过分贴近，遭到了蜜蜂的群起攻之。当人们发现他时，他一动不动地倒在地上，已昏迷多时，脸肿得分不出眼睛和嘴。弗里施醒过来后，并没有对蜜蜂产生

蜜蜂的群体

蜜蜂群体由蜂后、雄蜂和工蜂组成。一群蜜蜂中只有一只蜂后，个头最大，由受精卵发育而成，它是能产卵的雌蜂。雄蜂由未受精的卵发育而成，只负责和蜂后交配，数量比较少。工蜂也是由受精卵发育而成的雌蜂，但生殖系统发育不完全，不能生育后代。工蜂在蜂群中数量最多，担负着建筑蜂巢、保卫家园、清洁居所、采蜜酿蜜，以及喂养蜂后和蜜蜂幼虫等所有辛苦的工作。如果一个蜂群中没有了工蜂，蜂巢就会空掉大半，蜂后、雄蜂和幼虫可就要饿肚子了。

一丝恨意，而是深情并幽默地说："这些伟大的小生灵，我不能不再次脱帽致意！"

不久后，弗里施就观察到，蜜蜂可以通过特殊的舞蹈语言来传递信息。大批工蜂出巢采蜜前，会先派出侦察蜂去寻找蜜源。侦察蜂找到的蜜源如果距蜂箱在100米以内，它们回巢时，就在蜂巢上交替性地向左或向右转着小圆圈，以"圆舞"的方式爬行。

如果蜜源在距蜂箱百米以外，侦察蜂的舞姿便呈"∞"字，也叫"8字舞"或"摆尾舞"。如果将全部爬行路线相连，直线爬行的时间越长，表示距离蜜源越远。直线爬行持续1秒钟，表示距离蜜源约500米，持续2秒，则约1000米。

弗里施

舞蹈动作的快慢，与蜜源距离蜂巢的远近也有直接关系。距离越近，舞蹈过程中转弯越急，爬行越快；距离越远，转弯越缓，爬行也越慢。蜜蜂的舞蹈动作，不仅能报告蜜源距巢远近，还能指示花蜜所在的方向。跳摆尾舞时，蜜蜂如果头朝上，则是说："朝太阳的方向飞去，能找到花蜜。"如果头朝下，则是报告："在背向太阳的地方可以找到食物。"其他工蜂在看了侦察蜂的舞蹈之后，便不约而同地向一个方向飞去。

有趣的是，不同蜂群的舞蹈语言不完全相

同。中国养殖的意大利蜜蜂会跳圆圈舞、∞形摆尾舞和镰刀舞，奥地利蜜蜂只跳∞形摆尾舞，它们要是遇到了一起，会不会像说意大利语的意大利人和说德语的奥地利人到了一块，几乎没法沟通呢？

弗里施的研究还揭示出，蜜蜂的舞蹈语言是它们在长期进化过程中形成的一种先天行为，也就是说，它们不需要学，天生就会。先天行为对蜜蜂等社会性昆虫之间传递信息具有重要意义，例如，工蜂一出生就懂得“舞蹈”语言，能准确地报告蜜源位置，或者根据同伴的报告找到蜜源。另外，先天行为会受到多方面因素的影响。例如，有时由于一些蜂巢中许多工蜂找不到回家的路，嗷嗷待哺的蜂后和幼虫不久就因饥饿而死，许多蜂群因此崩溃。有人认为，这是因为日益增加的人工辐射，如手机发射塔等，干扰了蜜蜂的“导航”系统，使它们先天性的“认路”本领消失殆尽。想必弗里施不会乐于见到他钟爱的小生灵遭遇这种无妄之灾。我们研究动物行为的目的之一，也是为了更好地保护它们。

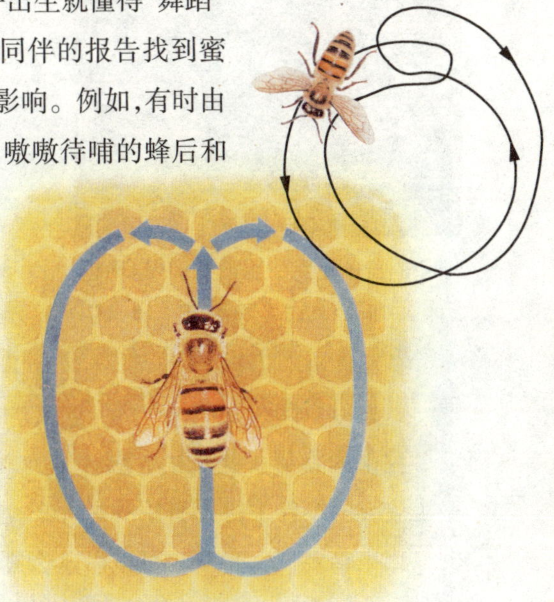

蜜蜂的“圆舞”（上）和“摆尾舞”（下）

2 乌鸦的智慧

记得《乌鸦喝水》的故事吗？一只乌鸦口渴了，它找到一只装有半瓶水的瓶子，可是瓶子太深了，乌鸦无论怎么伸长脖子，嘴都够不着水。它想了个办法，把身边的小石头丢到瓶子里，水面升高了，终于，它靠智慧喝到了水。

你也许会说，这是故事而已。可现实中的乌鸦一点也不比故事中的笨。在网易视频一节名为“乌鸦的智慧”的公开课中，美国作家克莱因让人们了解到，乌鸦真是非常聪明的动物。比如，乌鸦吃肉也有一套办法，生活在森林中的乌鸦就经常会用一根棍子拨出树洞中的虫子吃。克莱因还在一个瓶子中放上肉，瓶子边上放了一根直铁丝，让一只名叫贝蒂的乌鸦自己想办法吃瓶子里的肉。一开始，贝蒂真没办法凭着这根直铁丝把肉弄出来。不过它尝试过几次就想到了办法，它用喙和脚把这根铁丝弄弯了，成功地制成了一只铁钩，用这个加工过的工具，贝蒂终

绿色的盒子是克莱因设计的“自动售货机”，他的乌鸦已经学会了用硬币“买”花生

于拉出了瓶中的肉。

克莱因还了解到，日本的一群乌鸦学会了将一些坚果扔在马路上，等到汽车把坚果压裂以后再去取果肉吃。最妙的是，这群乌鸦知道什么时候安全，什么时候危险，它们只有在绿灯亮了才敢飞落在路上吃东西。

还想知道乌鸦到底有多聪明吗？克莱因进行了更大胆的尝试，他在乌鸦经常出没的地方放了一台精心设计的自动售货机，地下洒了些硬币，一旦硬币被投进售货机的投币口，售货机就会自动弹出一粒花生米。在完成了一系列循序渐进的诱导训练之后，这里的乌鸦真的学会了把硬币投进投币口，以便“买”到可口的花生吃！

克莱因希望在此基础上继续努力，训练乌鸦学会在城里检垃圾，或者学会在一堆废弃的零件中挑出有用的配件来。

原来乌鸦那么聪明！可以做这么复杂的事！许多人在了解了这一事实之后，不禁又有一个疑问：乌鸦以及其他动物的这些行为是天生的呢，还是在后天学习得到的呢？

这个问题可就触到了一个古老而常新的争论了：先天与后天，在决定动物以及人类的行为中，哪一方更重要？

小鹿生下来就会吃奶

支持先天论、也叫遗传决定论的学者会说：动物的行为当然是天生的本能，你看，许多小动物刚生下来就知道找奶吃，这哪有别人教呢！支持后天论、也叫环境决定论的人会说：动物的行为中后天习得的更重要，小老虎要跟在母虎后面

小老虎在接受妈妈的“培训”

练习上好多天才能学会捕食呢！一些在动物园里养大的老虎如果放生在野外，大多数是会饿死的。

无论哪一种说法都能找得到许多证据，但哪一种说法也不能为人们所完全信服。直到有一天，奥地利出现了一个叫洛伦茨的老头，还有一只老是跟在他屁股后面呱呱叫的灰雁。

3 灰雁的老头爸爸

传说中，所罗门王有一只神奇的指环，戴上它就可以听懂鸟兽的语言。世上真的有这只指环吗？如果有，那它就是被一名叫洛伦茨的奥地利男孩子捡到了。他就是本单元开头故事中的小男孩，那只刚出生的小鸭子的“妈妈”。他还给小鸭子起了个名字，叫“皮萨”。

这只叫皮萨的鸭子活了15岁，而洛伦茨后来则对所有雁鸭类的水鸟产生了兴趣和感情。若干年后，他又亲自孵化并照顾了一只名叫玛蒂娜的小灰雁，玛蒂娜一出壳就看到洛伦茨并听到他的声音，从此玛蒂娜就把洛伦茨当做了自己的“母亲”，无论是吃饭还是睡觉都一刻不停地黏着他。周围的人则亲热地把洛伦茨称为“灰雁的老头爸爸”。

洛伦茨从一个科学家的角度对玛蒂娜的行为进行了仔细的观察和分析。他把小鸭子皮萨、小灰雁玛蒂娜对自己的这种依恋行为称为“印记”，这是一种特殊的学习行为，指动物在出生后较早一段时间内所接触到的事物，会对该动物的一生产生重要的影响。

洛伦茨的研究揭示出，动物的行为和它们所具有的一些

洛伦茨

表观性状一样，是长期进化的产物。这些行为既受遗传的影响，也与环境发生复杂的相互作用。也就是说，动物的行为既有先天的因素，也受后天的影响。

动物的“印记”行为

动物从其父母那儿遗传了许多本能的行为，如蜜蜂舞蹈、筑巢和认路回家等。动物也会在后天通过条件反射、模仿、印记、习惯化，甚至是推理和顿悟等方式建立起新的行为模式，如乌鸦用硬币“买”花生。有的行为比较复杂，是先天与后天的混合，如鸟的迁徙。迁徙的“愿望”是遗传得来，不用教也会。但在迁徙时间快到时，野外结成群的鸟儿会“相互学习”，激励对方多多进食。成群的鸟儿常常比落单的鸟儿吃得更饱，以便为迁徙作好准备。在迁徙途中，鸟儿会利用太阳、星星导航，这其中有一部分是天生的，但有一部分要靠学习得来——从小没见过太阳的鸟儿，可不会知道正午时太阳应该在天空的什么地方。有些鸟还要用地面的景物如河

流山川作为“路标”，这就更需要学习了。鸟父母和鸟长辈会带着初次迁徙的幼鸟飞越崇山峻岭，第二年，它们就能自己飞完全程了。不管怎样，动物的行为对于它们的生存和繁衍都具有重要的意义。

洛伦茨以及后来的爱德华·威尔逊等人还经常把人的行为与动物的行为进行比较，认为人类的行为虽然更为复杂，但在某种程度上还有很多动物行为模式的影子呢！这一点在刚提出来时，受到许多人的反对和批评，但现在更多的人接受了这一点，洛伦茨也因为他对雁鸭类动物行为的杰出研究获得了诺贝尔生理学医学奖。

所罗门王的指环（节选）

洛伦茨著

我的园子里养了很多穴鸟，每次为在小鸟身上系上锡环以便辨识，就要伤许多脑筋。每次我把小鸟从巢中取出，总不免被成年的穴鸟撞见，不一会儿，我的身边就飞满了吵嚷愤怒的大鸟，这对以后我和它们之间的交往，自然妨害甚大。

我该怎样才能使它们不把我当敌人，一见我就避开呢？答案很简单：化装。但是化装成什么呢？我忽然想起每年万圣节所穿的鬼装，它们正躺在阁楼里的一个盒子里。那是一套华丽的、全黑带毛的鬼装，还有一个面具可以套住整个头部，有角，有拖在嘴外的舌头，还有一条非常长的尾巴。

如果在一个可爱的六月天里，你忽然听到一栋高房子的屋顶上发出一阵可怕的吵声。你抬头一看，却是一个有角、有尾、张牙舞爪的撒旦，从一个烟囱爬向另一个烟囱，热得连舌头也掉了出来，身边还有一堆黑鸟，发出刺耳的尖叫，紧追不舍，真不知你会怎么想？

那天一直到我把工作做完，才发现村里的大街上已经挤满了人。如果这时我把衣服脱掉，再向他们解说一番，相信他们会明白原委，但是这样做那些鸟就会认得我了，失了我化装的原意。所以我只友善地向大家摇了摇尾巴，然后很快从阁楼的天窗消失。

8 动物的秘密社会

多年前的一天，在美国南部阿拉巴马州风景如画的伯明翰，一个姓威尔逊的小男孩在一棵大树下玩耍。花草树木，飞鸟鸣虫，都是他的好伙伴。

这时，一队小小的蚂蚁吸引了他的注意。小蚂蚁们排着整齐的队列从树下经过，向同一个方向爬去，仿佛一支训练有素的军队在行军。他搞了一个"恶作剧"：把一块小石头放在了蚁队的"行军路线"上。蚂蚁"队伍"被断成了两截，石头后边的蚂蚁乱成一团，好几只蚂蚁在石头边的地上这里转转、那里看看，而前面的队伍

1 分工明确的小蚂蚁

依据习性的不同，动物一般可分为独居动物和群居动物。独居动物，例如虎，每个个体都有自己的领地，自己解决吃饭问题。一些群居的动物，例如蜜蜂、蚂蚁等，单个个体是不能生存的，必须分工协作，像人类社会一样，所以群居动物都有社会性行为。

在许多人看来，蚂蚁这种昆虫是微不足道的，但在我们这个星球上，它们非同小可。目前已知的蚂蚁就有上万种之多，除两极和冰雪覆盖的地方外，所有土壤表层都有它们的足迹。据估算，全世界蚂蚁的总重量与全体人类的总重量大致相等。蚂蚁至少在1.4亿年前就出现在地球上，比恐龙还古老。一个蚁群社会分工明确，通常有三种不同蚁型：蚁后、雄蚁和工蚁。蚁后是雌性个体，是蚁群中体形最大的，体

毫不知情，只顾前进，越走越远。他想，哈哈，这下后面的蚂蚁要掉队啦。

可是，出乎意料的事发生了，一会儿混乱就过去了，后面的几只蚂蚁领着头，居然从小石头边绕了过去，很快赶上了队伍，而且它们所走的路线，和前面的大部队几乎分毫不差。

小威尔逊惊奇不已：为什么蚂蚁会这样有条不紊、整齐划一地行进？为什么它们能绕过比它们大得多的障碍，沿原路线赶上队伍呢？

长是工蚁的三四倍，主要负责繁殖后代、统治蚁群。雄蚁负责与蚁后交配。工蚁也是雌性个体，但不能繁殖后代，一般在蚁群中个头最小，数量最多。工蚁善于行走，包办筑巢、觅食、喂育幼蚁及照顾蚁后等一切杂活。工蚁还要做保卫工作，在蚁群受到威胁的时候会挺身而出。在有些蚁种中分化出专门保护蚁群的蚁型，称为兵蚁。

20世纪初，美国动物学家惠勒研究了蚂蚁的社会性行为，他1910年的著作《蚂蚁》激起了无数人对这一小小生命的极大兴趣，其中就有我们开篇的那个美国小男孩威尔逊。威尔逊1929年出生，他的家乡风景秀丽，如诗如画，因此他在童年时代就对大自然充满了浓厚的兴趣和无限的热情。他在9岁时，就立志成为一名博物学家。小威尔逊常常观察鸟类，到海边收集各种海洋生物，还曾因为

威尔逊

行军蚁和切叶蚁

威尔逊对行军蚁和切叶蚁特别感兴趣，因为它们的社会结构比一般常见的蚁群社会要复杂。行军蚁主要生活在非洲、中美洲和南美洲，个头较大，躯壳坚硬，大颚锋利。一个行军蚁群的工蚁数多达十几万甚至几十万，排成一个纵队向前推进，像一支训练有素、战斗力强的军团。蚁军团一边行军，一边沿路捕捉蜘蛛、蝎子或其他蚂蚁，有时还能捕食比自己体形大百倍的蛇和蜥蜴。行军蚁就是靠着“蚁海战术”，战胜了表面看来比它们强大的对手。

行军蚁

生活在南美洲热带雨林区的切叶蚁则更具“智慧”。它们会采取流水作业和真菌发酵的方式解决吃饭问题。具体做法是个头比较大的工蚁负责爬到树上，切取树叶或花朵并搬到蚁穴入口。然后由稍小的工蚁把花、叶搬运到专门的储藏室发酵。这样一来，新鲜花、叶中的毒素被分解掉，成为可口的美餐。

切叶蚁把采下的叶片运回巢

钓鱼，被鱼背上的刺扎伤了右眼，视力大为下降，近于失明。他天生耳朵不好，只有戴上助听器，才能听清楚蛙的鸣叫。但这些身体上的障碍并没有阻挡威尔逊在科学上的探索道路，他先是毕业于阿拉巴马大学，然后在哈佛大学取得博士学位。就在哈佛大学，威尔逊确定了自己的终身研究课题——蚂蚁，并为此多次深入热带雨林进行考察。在长达半个世纪的蚂蚁研究生涯中，他揭开了蚂蚁王国众多鲜为人知的秘密。

分工协作依赖于良好的沟通，这样每个个体才清楚自己要做什么、怎么做和

织蚁在建筑空中蚁巢

做到什么程度。既然蚁群社会有着精致的分工，那么它们是怎样沟通的呢？威尔逊提出，它们靠的是信息素。信息素是一种特殊的物质，由一个个体分泌到体外、被同物种的其他个体通过嗅觉器官察觉，并随之表现出某种行为。例如，威尔逊发现，在非洲、东南亚和澳大利亚北部的原始森林里有一种织蚁，能用其幼虫产生的丝，将成千上万的小树枝和树叶连接起来，筑起成片的空中蚁巢。而当在外巡逻的工蚁发现有外敌入侵时，它就会马上赶回蚁穴搬救兵。它一边往回走，一边用腹部后端的腺体在沿途分泌微量的示踪信息素作为“路标”。其他工蚁收到警报后，就会嗅着先前留下的这些示踪信息素赶到发现入侵者的地方，同心协力将之赶跑。一队蚂蚁在行进路线被暂时切断后，后面的蚂蚁仍然能紧跟不掉队，靠的就是前方蚂蚁留下的信息素。

2 动物为何要“学雷锋”

在自然界中，还有一些动物依靠相互协作才能更好地生存，例如狼。当狼进行捕猎时，它们会显现出协同作战的智慧。它们还会设下埋伏圈，或利用地形，以便更成功地捕获猎物。

狼与狼之间互助协作

狼在保卫家园及照顾幼崽等方面，也会共同承担责任。由于野外生存环境恶劣，年轻的狼一般都选择留在狼群里，接受父母的庇护，等到有能力自立门户了再离开。而在成长的过程中，年长的狼也可以照顾“弟弟”、“妹妹”，学习有关传宗接代的技巧，当它们一旦成为父母，就会做得非常熟练了。不过，彼此没有亲缘关系的狼常常会因为领地问题而相互打斗、竞争。由此看来，狼与狼之间的互助，似乎是建立在血缘关系上的。

狼与狼之间的相互协作，可以说是利人利己。可蜜蜂却有着“利人不利己”的牺牲精神。在昆虫界，蜜蜂跟蚂蚁类似，也分为蜂后、雄蜂和工蜂。如果蜂巢受到威胁，成群的工蜂就会出洞赶走入侵者，所用的武器是它们的毒刺。然而，当一只蜜蜂用刺把入侵者蜇得苦不堪言以后，它也会肠穿肚烂而死。进化论之父达尔文认为，在竞争中成功的生物个体才能获得生存的资格，失败者则遭自然淘汰。但工蜂为保存蜂巢而视死如归的牺牲，以及自己不能繁殖后代、反而一心一意服伺蜂后的行为，不是更容易让自己被淘汰吗？有学者解释道，工蜂之间有3/4的基因相同，而蜂后和雄蜂能繁殖出新的工蜂，只要其他蜂能顺利地生存和繁殖，自己的3/4基因就能传递下去。帮助其他蜂，就是帮

工蜂簇拥着蜂后，在照料它

助自己。

那有没有帮助非血亲的例子呢？有，那就是魑蝠。魑蝠是一种蝙蝠，以吸血为生，如果连续两昼夜吸不到血就会饿死。一只刚刚饱餐一顿的魑蝠往往会把自己吸食的血液反哺给那些没有吸到血而濒临死亡的同伴，而它们之间没有任何的亲缘关系。这种行为又如何解释呢？有学者认为，这类个体冒着一定的风险去帮助另一个与自己并无亲缘关系的个体的行为，是为了日后与对方再次相遇时得到回报。吃饱了的魑蝠所贡献出的那一点血量，对它并无太大损害，但对它的同伴来说，将是救命的稻草。而今天吃饱了的魑蝠也难保将来有一天不会濒临饿死，那时救它一命的很可能就是它的同伴。因此，这是一种利益交换关系，这种策略对整个种群无疑有百利而无一害。

“学雷锋”的魑蝠

在研究许多动物的互助、“学雷锋”行为后，科学家认为，动物这么做都有利于自己的基因或与其自身相同的基因保存和遗传下去。威尔逊在其著作《社会生物学》中说：“在进化的漫长岁月中，作为个体的有机体几乎是无足轻重的。在达尔文主义意义上，生物体不是为了自己而活着。它的基本功能甚至不是繁殖生命‘个体’；它繁殖的是基因，并且它是作为基因的临时运载体而起作用的。” 1976年，英国生物学家道金斯把这种“基因选择”学说形象地称为“自私的基因”理论，认为基因不仅是自然选择的基本单位，也是保护自我利益的基本单位；而生命体不过是基因的载体和生存机器而已。

3　黑猩猩的争权夺利之战

人类的近亲黑猩猩也是一种社会性动物，善于建立小社会，并且等级分明。1975年，美国灵长类动物学家德瓦尔来到位于荷兰的阿纳姆动物园，在这里，他用了5年时间观察一个黑猩猩群，并将研究成果写成《黑猩猩的政治——猿类社会中的权力和性》一书。

这个黑猩猩群一开始由23名成员组成，首领是一只名叫耶罗恩的雄性，其他黑猩猩会主动“问候”（发出喘着气的咕哝声）它以表示臣服，从而确认群落内部社会等级次序。但有一天，年纪排在第二位的雄性黑猩猩鲁伊特迈出了争夺首领地位的第一步——停止问候耶罗恩。随后，鲁伊特花了大约半年的时间，才取代耶罗恩，成为新一任领袖。

在这半年中，鲁伊特与耶罗恩的争斗并非只有暴力冲突式的“武斗”，还有极具智慧的“文斗”。例如，它会和另外一只名为尼基的雄性黑猩猩结成联盟，又或阻止耶罗恩与其他雌性交往，用离间计孤立耶罗恩。成为首领后不久，鲁伊特会调停其他黑猩猩之间诸如打架一类的争斗，帮助弱势中的一方免于挨揍。可见，体力并不是决定统治和被统治关系的唯一因素，也不是最重要的因素。一只黑猩猩能够成为首领，不仅取决于它的身体是否强壮，更重要的是取决于广大雌性黑猩猩的支持。雄性首领在享受统治权的同时，也要担负起保护弱小和雌性、维护群体公平的责任。

鲁伊特称王大约半年后，年少气盛的尼基联合前任首领耶罗恩，夺取了鲁伊特的首领宝座。但是，尼基太年轻，不够成熟，又是依靠耶罗恩的帮助才取得统治权，因而得不到广大雌性黑猩猩的支持。据德瓦尔统计，“问候”尼基的黑猩猩所占比例还不到40%，比“问候”耶罗恩的要低。所以，比起前两任首领，尼基不够权威，不能进行广泛、有效的统治。

德瓦尔认为，雄性黑猩猩都具有权力意识，它们都会为了一个较高或更高的地位而努力奋斗，因为身居首领位置的雄性黑猩猩能跟更多的雌猩猩交往，享有更多的交配权；反之，雄性个体的地位越低，交配权越少。因此可以说，雄性动物的权力意识根源于繁殖竞争，也就是要将自己的基因传下去。

黑猩猩社会中还有像人类社会一样的基本道德准则——互惠。这既包括有形的物质利益交换，如一只黑猩猩会以食物来换取其他黑猩猩为它梳理皮毛，还包括无形的社会利益交换，如首领保护弱者、维持秩序，以此换取众多黑猩猩的支持，以巩固其地位。大量的观察和相关实验还表明，灵长类（如黑猩猩）乃至许多非灵长类动物（如狼）都具有同情心，并且会出于同情而不求回报地帮助同类。德瓦尔通过实验和计算得出结论：同情及由此而引发的利他行为，跟熟悉和亲密的程度相关。也就是说，两只黑猩猩越熟悉、越亲密，它们彼此越有同情心，越能互相帮助，就像“结拜兄弟”一样。

具有社会性的动物形形色色，动物的社会性表现也各不相同，但这些行为的目的都一样——使物种更好地生存、繁衍。动物的社会性是进化的产物，“个人利益服从集体利益”从进化的角度看还是很科学的。

9 解剖人体

400多年前的欧洲，夜深人静，星星黯淡无光，发白的月亮偶尔从厚厚的云层中探出头来，扫一眼城市广场上的绞刑架。

绞刑架上挂着几具尸体，那是白天被处死的犯人，没有亲人为他们收尸，也没有谁愿意揽下这个麻烦去把尸体埋葬。这时，一个身影出现在街角，紧张地四下张望。如果现在是白天，一定会有人认出他是城里著名的医生维萨里。

还好现在是晚上，四周非常安静，一个人也没有。维萨里跑到绞刑架边，蹑手蹑脚地爬了上去，费力地解开尸体脖子上的绞索，把尸体放了下来。这工作并不

1 从动物开始

提起外科手术，许多人脑海中都会浮现起这样一个情景：身穿手术服的医生，手中拿着锋利无比的手术刀，熟练地切开人体的皮肤，避开重要的血管和神经，直达患病的部位。现代的医生必须对人体的内部结构十分了解，否则就不能判断病人的病灶在哪个部位，做治疗、动手术时也不能对症下药。而对人体内部结构的了解，以及许多其他医学知识，都是建立在解剖学基础之上的。那么，解剖是什么时候、又是从谁开始的呢？这要追溯到公元2世纪的古罗马医生盖仑。

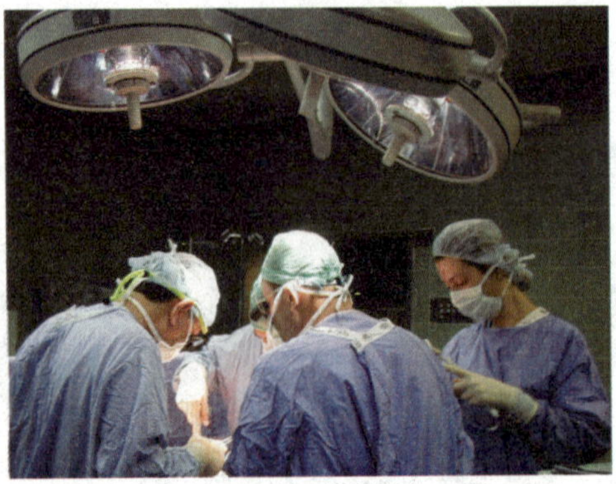

医生在无影灯下进行外科手术

盖仑生于小亚细亚西部，现今位于土耳其境内的柏加马，他的父亲是

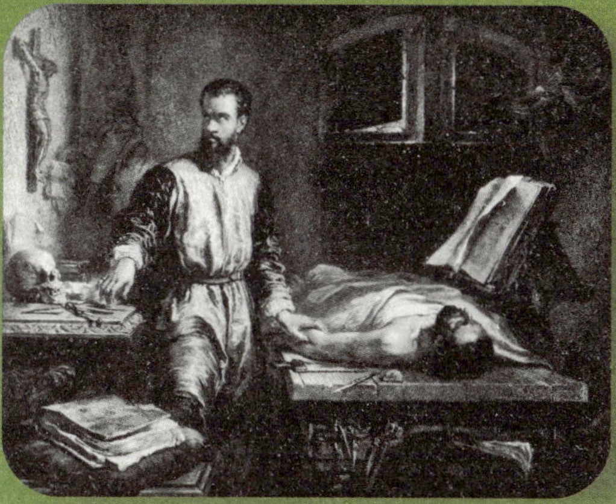

维萨里在家中秘密解剖尸体

轻松，他累得气喘吁吁，却丝毫不敢耽误，连忙爬下绞刑架，费劲地把尸体堆到他带来的板车上，悄悄地离开了。

维萨里已经不是第一次进行这种“偷盗”工作了。其实，除了绞刑架上的尸体，城外无主坟地里新埋入的流浪汉尸体，也是他的目标。可是，他为什么要偷这些尸体呢？原来，他一次次把这些尸体带回家中，是为了秘密地进行解剖。但他身为一名医生，职责是为了给活人治病，为什么要跟死人过不去呢？还要这么偷偷摸摸，一点也不光明正大呢？

一位建筑师。传说他的母亲脾气暴躁，因而父亲给他取名为“盖仑”，希腊语意为“平静”。虽然起了这样一个名字，盖仑还是生性容易激动，不过，他的求知欲很强，喜欢学习各种各样的知识。他20岁时父亲去世，之后他只身游历各地，学习医学。28岁时，他回国定居罗马，成为专为角斗士疗伤治病的医生。后来，他因成功治愈罗马皇族成员患的一种怪病而闻名罗马城，并最终担任了罗马皇帝的宫廷御医。在行医过程中，他不断积累关于人体结构的知识。例如，在治疗角斗士的过程中，他区分出了咀嚼肌、颈肌、背肌等肌肉。他还发现人体骨骼的结构有不同的类型，如长骨、短骨、扁骨等，并且区分出了动关节和不动关节。

盖仑

盖仑的伟大之处在于他的观察，而不是他的理论。由于当时人体解剖被视为大逆不道、罪大恶极的，他只好通过解剖猪、羊、狗、猴等动物来研究解剖学。他利用动物，仔细地对脑、脊髓、神经进行了探索，指出神经起源于脑和脊髓，感觉神经起于大脑，运动神经则起于脊髓，还发现脊髓不同的部位负责不同的功能。

借助解剖结果，盖仑否定了前人的错误结论，提出了正确的观点。例如，盖仑将活动物的一段动脉上下两端结扎，然后剖开这段动脉，发现其中充满了鲜红色的血液，从而否定了古希腊流传下来的"动脉血管里充满空气"的错误看法。盖仑还通过结扎动物输尿管，证明了尿液是在肾脏中形成的，与膀胱无关。他还试图开展动物胃的消化实验。

不过，盖仑解剖的都是动物，没有解剖过人体，而人体与动物在内部结构上有许多不同。因此，当他把这些动物身上研究出来的结果，直接类推到人体上的时候，就难免闹出了笑话。例如，他认为人的肝也像狗的一样是五叶的，其实人的肝只有两叶。尽管如此，在那个时代，盖仑所表现出的积极倡导实验方法和对学术自由探索的精神，实属难能可贵。盖仑在动物观察和实验基础上完成的《论解剖》等一系列著作，使他成为当之无愧的古代最伟大的解剖学家。

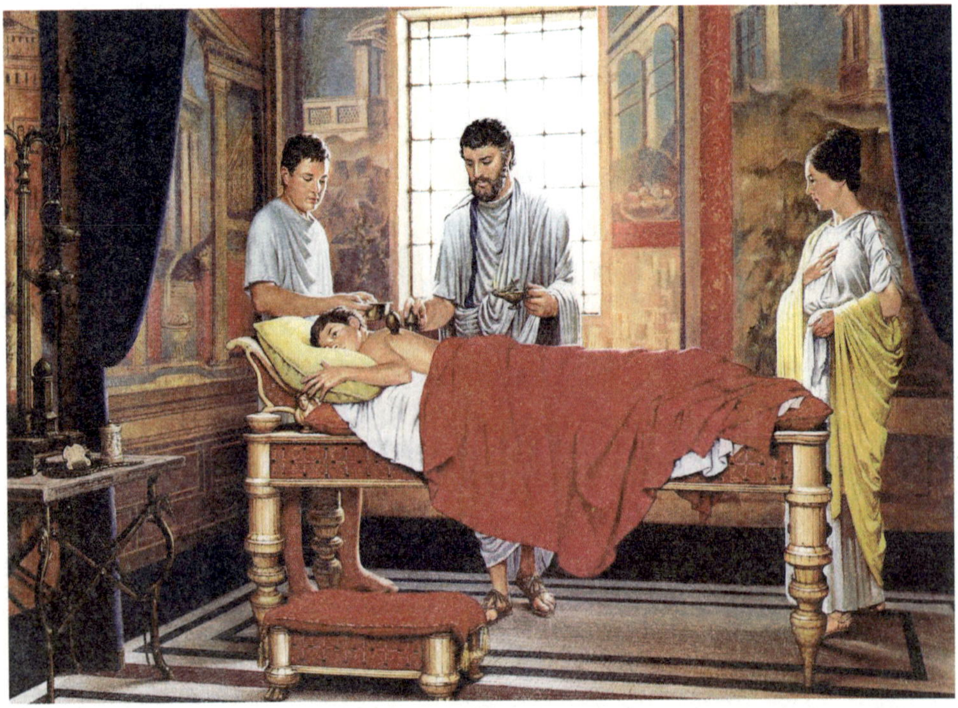

盖仑给一个孩子"拔火罐"

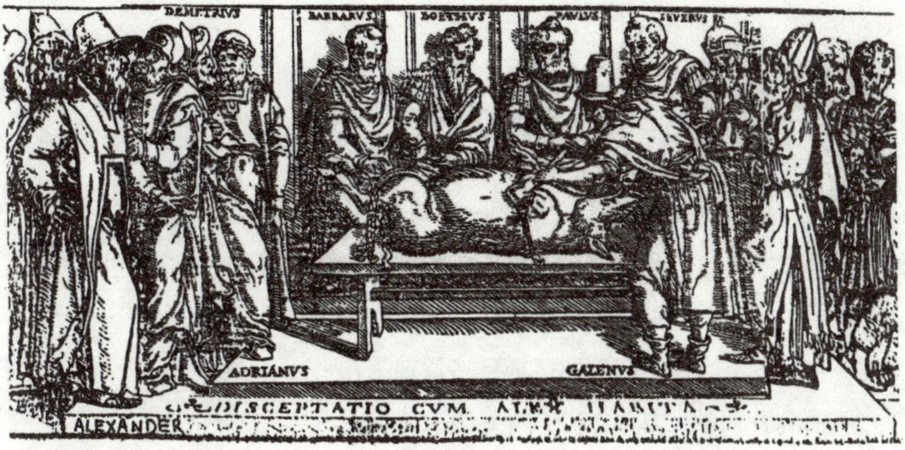

盖仑在解剖猪

可惜的是，由于盖仑的一些理论正合当时基督教的口味，于是，他的所有理论和观点都得到了教会的支持，视作不容置疑的“金科玉律”，大家只能照搬照抄，因循沿袭。后来即使有人发现了盖仑的错误，也不敢指出。盖仑以观察和实验为主的探究精神被丢弃得一干二净，因此其后的1000多年中，解剖学的发展受到了极大限制。

2 一手执刀，一手握笔

15世纪下半叶，欧洲兴起了一场“文艺复兴运动”，它冲破了中世纪宗教神学的束缚，激励了人们对自然的研究热情。文艺复兴时期产生两种情况：一是古典文化的复兴，人们希望从古希腊、古罗马所留存下的宝藏中汲取丰富的思想养料；二是人性的复活，尤其表现在对人体和艺术特点的反思上。

在这一时期，艺术家们把人体看作是上帝创造的最完美的杰作。对他们来说，仅有人体外部的知识是远远不够的，还需要了解肌肉、骨骼的运动以及它们与身体内部的联系，才能更好地展现人体的力与美。于是，许多艺术家热衷于解剖人体，研究人体构造。艺术与学术的联姻，催生了一大批“艺术解剖学家”。

艺术解剖学家们一手执刀解剖，一手握笔描绘。他们的人物绘画和雕塑完全是建筑在人体解剖和自然观察基础之上的。这一方面产生了一系列脍炙人口的艺术珍品，另一方面提供了丰富的人体解剖知识，留下了大量精美而准确的人体解剖图谱。在艺术解剖学家中，最出类拔萃的人物要数达·芬奇了。

达·芬奇

达·芬奇的一生是艺术的一生，也是科学的一生。一方面，《蒙娜丽莎》、《岩间圣母》等精美绝伦的绘画作品，使他成为举世公认的文艺复兴时期最伟大的艺术家。另一方面，他先后亲手解剖过30具尸体（从7个月的胎儿到百岁老人），记下了大量笔记，绘制了近千幅人体解剖图。他创造性地采用正面、侧面和背面的画法，绘制了精美的人体全身骨骼图，并首次正确计算了人类臀部椎骨数目。他制作了许多关于肌肉群的模型，通过研究肌肉的活动，绘制了各种肌肉图。他第一次准确地画出了心瓣膜图和心室内的节制腱索（这种结构直至数百年后才被解剖学家所认识），并且进行了动物活体解剖来观察研究心脏的活动。他用加热熔化的蜡注入尸体大脑，制成蜡制脑室模型，成为研究脑组织的第一人。他还发明了研究眼等软组织的解剖技术。他所描绘的人类生殖器图，特别是子宫内的胎儿图，也是后世很少有人能够超越的解剖图杰作。

遗憾的是，达·芬奇的解剖图和笔记在其死后散失各地，只有部分保留下来，而且是在他去世200多年后才被人发掘、整理和出版。

达·芬奇对解剖学的研究，起初纯粹出于对艺术的追求。但后来非凡的才能使他很快突破了这一界限，开辟了一条新的独立探索之路。他以艺术家的眼光看待人体，又以科学家的头脑探索人体，对人体的构造及其功能的兴趣甚至比对纯艺术更为浓厚。他认为，解剖学本身就是值得研究的一门科学；他相信，通过解剖和实验，将能揭示支配人类运动、甚至是支配人类生命的机制。

达·芬奇画作《蒙娜丽莎》

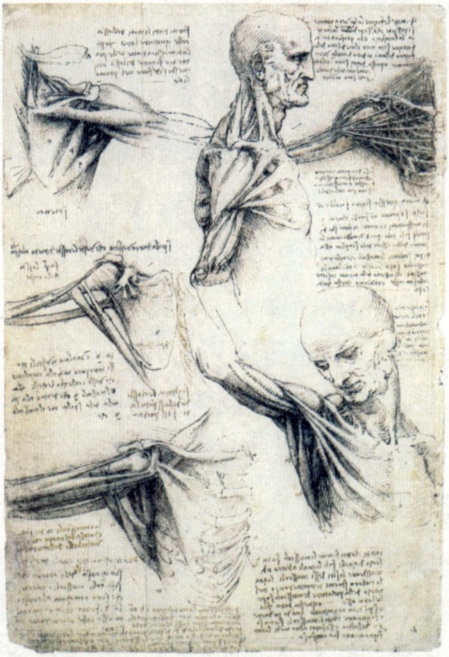

达·芬奇绘制的肌肉解剖图

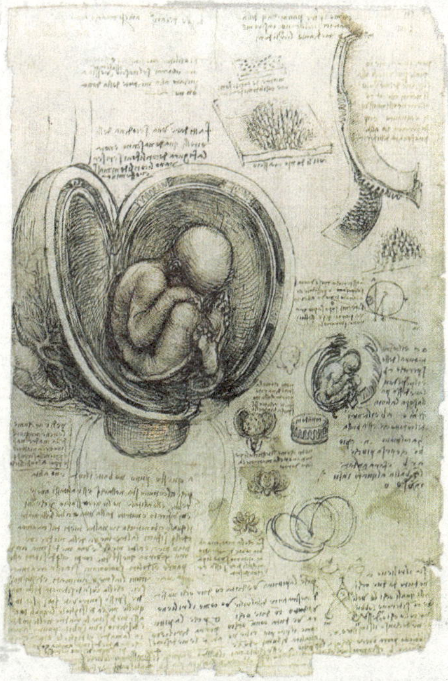

达·芬奇绘制的子宫内的胎儿图

3 偷尸体的人

文艺复兴时期的艺术解剖学家们虽然掀起了人体解剖热，但他们的兴趣都在艺术层面。解剖学要为医学服务，还需要医学家的贡献。维萨里就是这一时期医学家的代表。

维萨里1514年出生在比利时的一个医生世家，还在童年时代，他就解剖过猫、狗、老鼠等小动物，对解剖学情有独钟。1533年，维萨里只身前往巴黎大学医学院留学。当时医学教育严重脱离实际，一切知识只来自古代权威的著作。在解剖学课堂上，教授们滔滔不绝地背诵着盖仑的理论，偶尔才让屠夫或理发师做些解剖动物的演示。维萨里对这种学风实在看不惯，他提出“了解人体结构只有通过亲自动手解剖人体”。为了得到第一手资料，维萨里不顾教会的禁令，冒着生命危险，千方百计从绞刑架、无主坟地偷取尸体，在家中秘密进行解剖。于是，就出现了本单元开头维萨里趁夜盗取尸体的一幕。

在艰苦和冒险的工作中，维萨里掌握了丰富的人体解剖知识，也发现了盖仑学说中的许多错误。例如，盖仑说人的腿骨像狗一样是“弯曲”的，维萨里却指出，人的腿骨是直的；盖仑说心脏中隔上充满“小孔”，血液可以通过小孔从右心室流向左心室，而维萨里指出，心脏中隔根本就不存在所谓的那种供血液流通的小孔。但是，维萨里对前辈的态度是实事求是的，他在著作《人体的构造》序言中写道：“我在这里并不是无故挑剔盖仑的缺点，相反，我肯定盖仑是古代一位大解剖学家，解剖过很多动物，限于条件，就是没有解剖过人体，以致造成许多错误。在一门简单的解剖学课程中，我能指出他200多处错误，但我还是尊重他。”

1543年5月，波兰天文学家哥白尼发表了《天体运行论》，书中否定了教会宣扬的地心说——“地球是宇宙中心”，提出日心说——“太阳才是宇宙中心”。这是人类认识宇宙历程中的一场革命，《天体运行论》也被认为是现代天文学、甚至是现代科学的起点。不到一个月，28岁的维萨里出版了另一部惊世骇俗的著作《人体的构造》，该书共分7卷，并配有300余幅精细而生动的插图，分别论述了人体的骨骼、肌肉、血液、神经、消化、内脏、脑和感觉器官等。他在书里还创用了胼胝体、鼻后孔、砧骨等许多今天医学界耳熟能详的解剖学名词。该书还在附录中介绍了活体解剖的方法。《人体的构造》第一次在解剖实验的基础上，比较全面、系统地揭

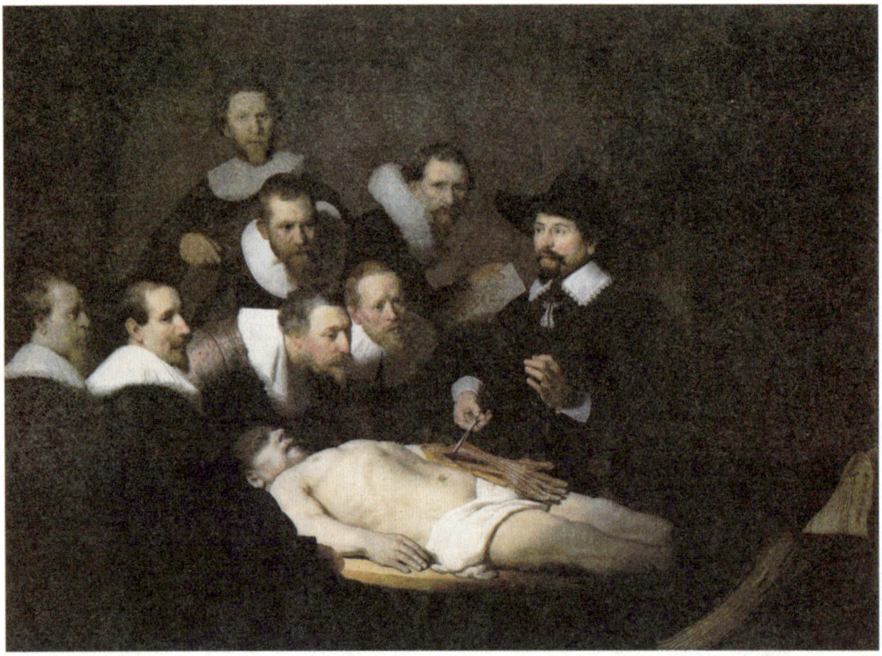

1632年的油画《杜普教授的解剖学课》。当时人体解剖已是正规课程

示出人体的真实构造，奠定了科学解剖学的基础。在科学史上，人们一般把《人体的构造》的出版，看作是近代人体解剖学诞生的标志，书出版的那一年——1543年，也被看作是近代人体解剖学诞生之年。

在欧洲，中世纪结束之后，解剖学终于摆脱桎梏，成为光明正大的医学课程，蓬勃发展起来。用于医学解剖的尸体也有了符合道德和法律的来源，医学家们不再需要偷偷摸摸地做研究了。数百年来，无数科学家致力于解剖学研究，积累起大量关于人体的知识。今天，我们为生活在这个医学昌明的时代感到庆幸的同时，也要缅怀和感激无数医学先贤在探究人体奥秘过程中所作出的贡献和牺牲。

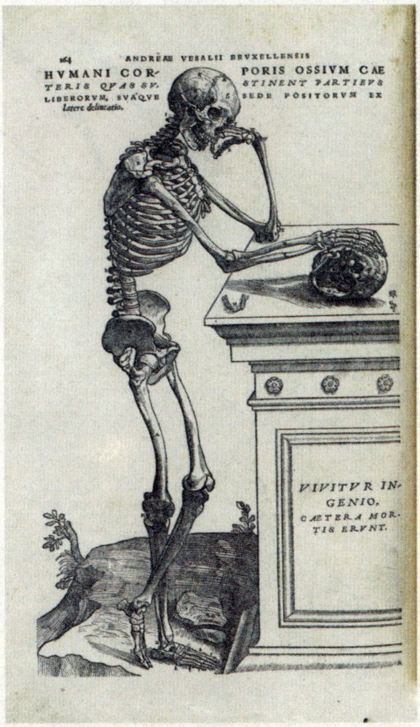

《人体的构造》中的插图，图中的人体都会摆出别有深意的姿势

人体还有许多秘密埋藏在每根血管内，每根神经下，还需要后人不断探索，不断发现。

维萨里之死

按照《圣经》的说法，人是上帝在开天辟地的最后一天(第六天)创造出来的。上帝先造了男人亚当，然后用亚当的一根肋骨再造出了女人夏娃。这样说来，男人的肋骨应该比女人少一根。可是，维萨里的人体解剖结果表明，男人和女人的肋骨数目相等。这就否定了《圣经》中关于“上帝造人”的论断，相当于挑战了经典的教义和教会的权威。

《人体的构造》出版后，立即引起宗教界和医学界保守派的恐惧和仇视，他们咒骂维萨里是疯子，攻击该书亵渎了上帝，逼迫维萨里前往“圣地”耶路撒冷朝圣赎罪。在旅途中，维萨里乘坐的船不幸失事，汹涌的海浪无情地吞没了已身患重病的维萨里。但是，维萨里的光辉业绩和他的不朽之作《人体的构造》是抹杀不了的。

10 生命的气息

1950年，3岁的美国女孩奥德尔不幸患上了脊髓灰质炎，医生表示，她会逐渐因无法呼吸而死去。从那时起，奥德尔一直躺在一个长2.1米、重337.5千克，叫做“铁肺”的金属机器箱子里，只有头露在外面。铁肺是一种人工呼吸机，可以帮助她保持呼吸，延长生命。

奥德尔虽然不能像普通人一样生活，但仍然坚持学习，她不仅完成了高中学业，还通过远程教育学习了大学课程，并取得荣誉学位。她还花了10年时间，通过使用语音识别计算机，完成了一部儿童小说。她的故事感动了许多人。

1 始于恩培多克勒的研究

在许多影视剧中，婴儿响亮的哭声常表示新的生命就此诞生。确实，一名健康婴儿诞生后的第一件事就是哇哇大哭，他或她可不是在撒娇，而是要借着这一声大哭把空气吸入肺中，开始“呼吸”。与此相对，影视剧中还会用“没气了”，即不再呼吸，表示命在旦夕。

恩培多克勒

最早对呼吸生理开展研究的是恩培多克勒。恩培多克勒是公元前5世纪古希腊著名哲学家，他最有名的主张是宇宙万物由水、火、气、土按不同比例构成，即所谓的“四元素说”，这一学说影响了后世数千年。恩培多克勒也是当时享有盛名的医学家，乐于倾听“可以治疗疾病的任何知识”，并努力寻求“对抗疾病和衰老的所有药物”。

2008年5月29日凌晨，一场罕见的雷暴雨袭击了奥德尔的家乡，一棵树被狂风刮倒，正好压在她家附近的输电线上，铁肺因断电而关闭。奥德尔的家人急忙试着安装另一台人工呼吸机，因为没有电，这个办法行不通。但他们没有放弃希望，通过连接着铁肺的手压泵，人工帮助她进行呼吸。遗憾的是，几分钟后，奥德尔还是停止了呼吸。至此，她已经与病魔缠斗了将近60年。

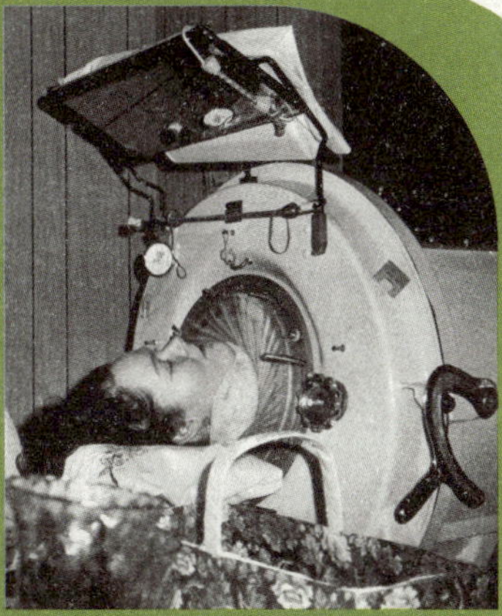

年轻的奥德尔躺在铁肺中

奥德尔一生差不多都是在铁肺中度过的，她的经历和坚强意志让人充分体会到生命的珍贵。同时，也让我们感到呼吸对生命是多么地重要。

在呼吸问题上，恩培多克勒首次将呼吸和血液联系起来。他认为，一切生物的呼吸都是在遍布于体内的无血管道中进行的，在皮肤表面有许多气孔，这些气孔使空气很容易通过，但使血液保留在身体内。他还把吸入或呼出空气的运动与古希腊人常见的漏壶的作用相比较。虽然恩培多克勒关于呼吸的观点并不正确，但仍然在医学史中占据了重要位置，因为这些理论表现出他对日常生活现象具有敏锐的观察力和深入的洞察力。在恩培多克勒之后，许多科学家对呼吸进行了研究，解开了许多关于呼吸的奥秘。

呼吸运动是一种节律性活动。我们即使睡着了，甚至在不太严重的昏迷时，呼吸运动仍然能正常进行。不过，如果我们愿意，也能大口大口地呼出或吸进空气，而且快慢由自己控制。这表明呼吸运动受神经控制。

呼吸运动的节律是怎样产生的呢？早在公元2世纪，古罗马医生盖仑就已经观察到，角斗士或动物在颈部脊髓受到损伤时，呼吸运动便停止了。到了18世纪，科学家开始利用家兔等哺乳动物开展大量的实验，通过破坏它们中枢神经系统的不同部位，或者电刺激脑的某些部位等方法，研究呼吸是由哪部分神经系统

呼吸节律

所谓呼吸节律，通俗地说，就是呼吸的节奏。正常人静息状态下，呼吸节律基本是均匀而整齐的。健康成人在正常情况下呼吸一次以6.4秒为最佳，每次吸入和呼出的气体量大约为500毫升，称为潮气量。当人用力吸气，一直吸到不能再吸的时候为止，然后再用力呼气，一直呼到不能再呼的时候为止，这时呼出的气体量，称为肺活量。健康成人男子肺活量一般为3500—4000毫升，女子为2500—3500毫升。

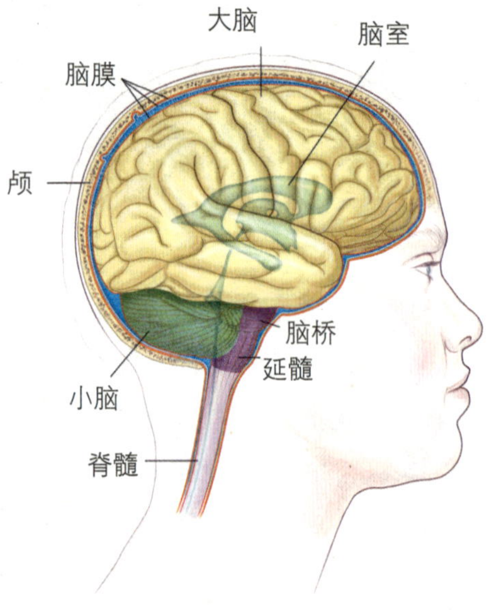

中枢神经系统

控制的。结果发现，只要毁损家兔延髓内一个直径小于1毫米的区域，就能使呼吸运动停止，该区域被称为“生命结节”。到了20世纪，科学家更证明，基本呼吸节律起源于延髓，但脑桥等其他特定脑区参与了呼吸节律的调节。目前，科学家已深入到细胞水平，希望通过研究神经元之间是如何联系和互动，解开呼吸节律之谜。

为什么呼吸对人和动物那么重要呢？简单的解释是我们需要通过呼吸运动吸入氧气，呼出二氧化碳。表面上看，人主要靠肺完成这种气体交换。其实，呼吸的基础在于细胞：人体通过肺吸入的氧气，会通过血液循环输送给全身的细胞，使细胞内的蛋白质、脂肪和糖类等营养物质分解氧化，释放出能量，作为身体生命活动之用，同时形成水和二氧化碳，再通过血液循环将二氧化碳送至肺部，排到体外。这就是所谓的细胞呼吸。不仅人和动物要进行细胞呼吸，植物也需要。

细胞呼吸实际上是一种生物体内的氧化还原反应，需要在生物催化剂——酶

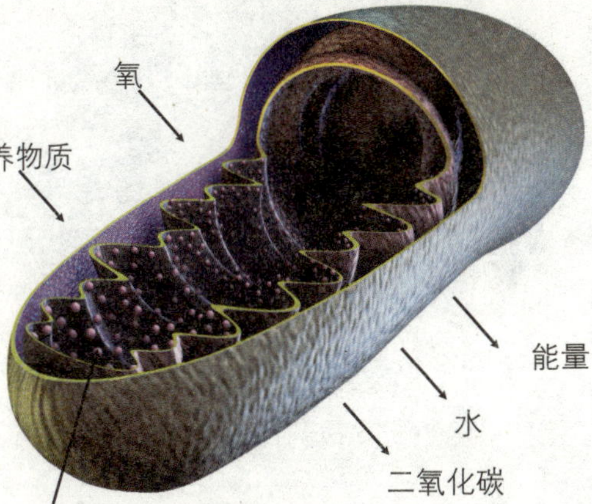

线粒体呼吸作用模式图

的作用下才能进行，离开呼吸酶，细胞呼吸就会停止。科学家从20世纪初就开始研究呼吸酶，目前至少已经发现有20多种呼吸酶。呼吸酶存在于细胞的线粒体中，因此，线粒体能通过呼吸作用释放出能量，供细胞使用。

2 帮助呼吸

肺没有自己的肌肉，它的收缩和扩张受一群肌肉（呼吸肌）控制。呼吸肌运动，使胸廓增大或缩小，肺也跟着张大或缩小，空气随之进入肺中（吸气）或从肺中排出（呼气）。当这种运动受影响，如因为生病而肌肉无力或控制呼吸的神经出现故障，病人就可能因无法呼吸而死亡。这时，病人就需要呼吸机的帮助。

呼吸机是一种医疗装置，能代替、控制或改变人的正常生理呼吸，增加肺通气量，减轻呼吸时人体的消耗，帮助病人生存下来。它具备4个基本功能：向肺充气、吸气向呼气转换、排出肺中气体、呼气向吸气转换，依次循环往复。

呼吸机的前身叫“铁肺”。1927年，美国科学家德林克和肖发明了第一台“铁肺”，它是一个看上去很笨重的机器。使用时，把病人放在气密箱里（头通过一个柔软的气密领露出箱外），在气密箱上联上一个空气泵。每当空气泵抽出空气，气密箱里的气压就会低于箱外的气压，大气压力迫使新鲜空气进入病人胸腔。当空气泵往气密箱里泵入空气时，箱内的压力升高，把病人胸腔中的空气“压”出去。1928年10月12日，美国波士顿儿童医院第一次使用铁肺，挽救了一位因脊髓灰质炎而呼吸不畅的8岁女孩的生命。

这种铁肺的效果虽不太理想，但将许多

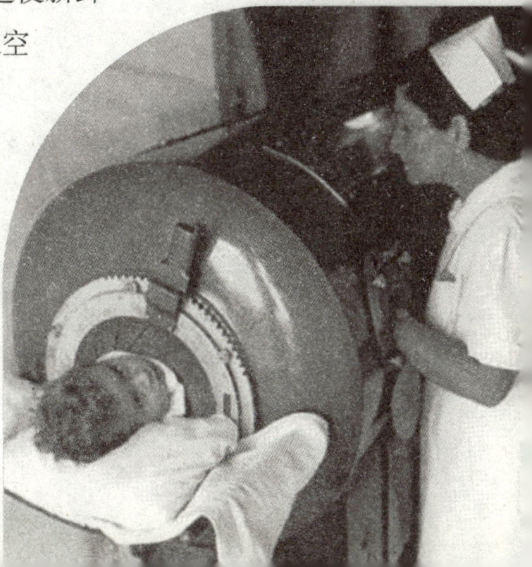
铁肺

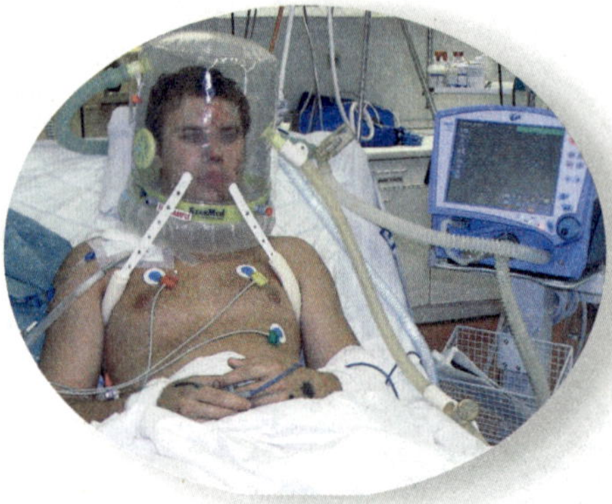

正压呼吸机

病人的生命从死神手中夺了回来，其中就有本单元开头故事中的奥德尔。1952年，丹麦哥本哈根脊髓灰质炎流行，许多患儿因呼吸肌麻痹被夺走了生命。在抢救过程中虽然使用了铁肺，但死亡率仍高达87%。在这种情况下，有医生想出了一个办法：先向病人气管内插入一根管子，然后用橡胶气囊通过这根管子向病人肺内反复打气。结果令人振奋：死亡率一下子降到了25%。于是这一方法很快普及开来。但是，抢救一个患儿往往要持续几天甚至十几天，单靠人力不停地捏橡胶气囊，显然是一项十分繁重的工作。于是，科学家设计了一种机械装置，代替人工有节奏地反复挤压橡胶气囊，向患者肺内打气。这种装置注入的气体压力超过大气压，所以又叫"正压呼吸机"。

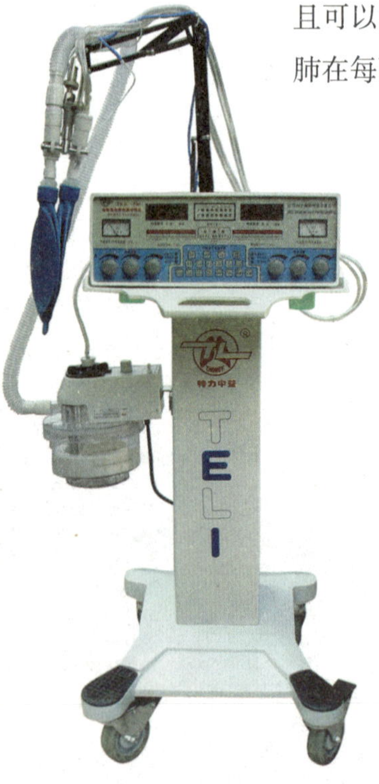

高频呼吸机

正压呼吸机将一根管子插入患者的气管，把空气输入肺部，而且可以模仿人呼吸的正常节奏。经过改良后，正压呼吸机还能让肺在每两次呼吸之间休息，并预先把空气增温加湿，能维持患者的生命达数月之久。正压呼吸机制成后，铁肺便被淘汰了，但它仍有不可忽视的优点：不用进行气管插管，所以引起呼吸道并发症的概率也较低。

随着电子技术在医疗器械领域的广泛应用，人们又以正压呼吸机为原型，设计出许多种类的呼吸机，虽然已经不必进行气管插管，但由于一次性往肺中注入的气体量太大，心脏血液流动会受到影响，不少心脏不太健康的病人没法使用。为了解决这一问题，瑞典生理学家斯乔斯特兰德经过多年研究，于1967年设计出了一种新型的通气装置——高频呼吸机。高频呼吸机的原理是每次输出的气体量小于正常呼吸时的潮气量，而输出气体的频率高于正常呼吸的频率。高频呼吸机具有许多优点，最显著的是：通气量小，心脏功能差的病人也能使用；肺运动幅度小，在肺科手术中同样能使用。因此，它的使用范围比传统的正压呼吸机要广泛得多。

今天，各种呼吸机不断向智能化发展，计算机技术的应用使呼吸机的性能日臻完善。呼吸机成了常用的急救与生命支持设备，广泛应用于急救、麻醉、术后恢复、呼吸治疗和呼吸维持。更轻便的呼吸机甚至走入家庭，使人们在家中也能方便地享受到呼吸方面的救治医疗。

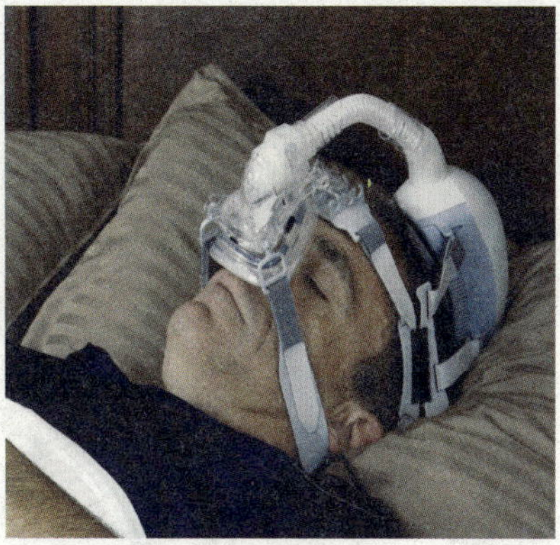

家用呼吸机

3 特殊环境中的呼吸问题

在日常生活中，呼吸对健康人而言似乎是再简单不过的事情了。但是，在某些环境中，呼吸也会成为难题，需要采取相对应的解决办法。

一般人到达海拔3000多米的地区时，就会感到疲劳、犯困、头痛和恶心等；在海拔5500米时，会全身抽搐；在海拔7000米以上时，可能会昏迷甚至死亡。这是因为海拔越高，大气压力越小，氧气越少，人要很费力地呼吸，才能把空气吸入肺中，而其中的氧气并不能满足正常的生理活动所需。但是，生活在海拔近4000米

“神舟九号”太空舱

以上的秘鲁印度安人，能在铜矿中进行重体力劳动而无病态反应，生活在喜马拉雅山上的居民也能进行正常活动，他们是如何做到的呢？

原来，他们的某些身体结构比较特别，例如，他们的胸廓较大，肺泡有较大的表面积，器官和组织中毛细血管较丰富，血液中有较多的红细胞，携带氧的血红蛋白和肌肉中贮存氧的肌红蛋白也较为丰富，这都保证他们在进行活动时身体有充足的供氧。此外，他们在运动时，肌肉消耗的氧较少。不过，这些体质特征是他们在长期高海拔生活中形成的，长期在低海拔地区生活的人们无法模仿。普通人若想登上高峰一览风光，怎么办呢？方法是进行适当的适应和训练，或是使用氧气瓶吸氧等方式。

飞行员在高空飞行时也会有类似的反应。因此，为了维持良好的战斗状态，一般飞行员都会戴上面罩，以获得含氧丰富的空气。

在茫茫的太空中，呼吸问题更加复杂。在地面上，人们对二氧化碳并不关注，但在空间狭小、密闭性极好的飞行器舱内，二氧化碳浓度一旦高到一定程度就会威胁生命。另外，人体和飞行器舱内的一些非金属材料会释放出非常微量的有害气体，也需要及时去除，以免被宇航员吸入肺中。目前，主要采取两种方式解决以上问题：一种是使用净化风机，将舱内的大气引入净化罐，经过化学分解吸收后转化为洁净的空气，再重新流回舱内；另一种净化方式是将高效活性炭和少量常温催化剂设置于净化装置内，以吸附的方式吸收飞行器舱内的二氧化碳和微量有害气体。

在潜水时，潜水员是用嘴来完成呼吸工作的。虽然水下的呼吸作用机制和陆地上的相仿，但是一些外在因素会导致呼吸效率降低。例如，在水下，空气的密度会增加，呼吸因此会比较费劲，一次吸气和呼气所需时间会变长；肺部会受水的压迫而变小（就像胸口放了块大石头），换气量会下降等。下潜越深，人体所处环境的压力越大，一般海水深度每增加10米或淡水深度每增加10.4米，环境压力将增加1个大气压。除了呼吸，人体其他生理活动也会受影响。

现今科学家对鲸的呼吸特别感兴趣。鲸是哺乳动物，和人一样用肺呼吸，但竟能长时间潜在水中，有时可达2小时，这是怎么回事呢？原来，鲸体内有丰富的肌红蛋白，能贮存氧；当潜水时，鲸心跳的速度只有在水面时的一半。此外，鲸还能通过收缩血管，切断大部分体循环，以保证携带氧的血液尽可能多地供应给脑和心脏。了解了鲸的呼吸，会不会提示科学家开发出更好的设备和方法，使人也能像鲸一样在水中畅游呢？

看似简单的一呼一吸，其中竟包含着这么多的科学知识，还催生了那么多科学技术，实在让人不得不感慨生命的玄妙和人类聪明才智的无穷无尽。

11 人体动力

中国春秋时期的典籍《列子》中记载，鲁国的公扈和赵国的齐婴去找神医扁鹊治病，扁鹊治好了两人的病，又说："这个病很容易治好，但是你们还有其他难治的先天不足：公扈事事考虑周到，但有点优柔寡断；齐婴刚好相反，凡事当机立断，但思虑不足。如果你俩把心换一下，彼此就都能取长补短了。你们愿不愿意呢？"两人欣然同意。于是，扁鹊为两人开胸，取出心脏做了交换。可是两人回到家后，妻子竟然都不认识他们了。原来，换心之后，公扈的心认路，令齐婴的身体回到了公

1 跳动不止的心脏

心脏是身体最勤勉的器官之一了，从胎儿成型的第一个月起，心脏就开始不知疲倦地跳动，直到我们离开这个世界。然而，由于各种先天或后天的原因，有些人心脏无法正常跳动，生命随时面临着死神的威胁。直到发明了心脏起搏器，才给这些病人带来了希望。

早期的手摇驱动"人工心脏起搏器"

心脏起搏器实际上是一种人工制成的精密仪器。它能以一定形式的人工脉冲电流刺激心脏，促使心脏按照正常的方式、有节律地收缩。早在19世纪，一些胆大的医生就尝试用电刺激的方法实现人工心脏起搏。据说，有医生曾对刚刚死亡的病人给予电刺激，结果"尸体"的心脏真的恢复了跳动，人

扁的家，公扈的妻子当然不认得啦。齐婴的妻子也一样，她想这个自称有着公扈的外表、齐婴的心的人一定是个骗子。后来，直到扁鹊出面说明真相，才化解了这场矛盾。

扁鹊换心这个故事虽然有趣，但很少有人信以为真，认为这只不过是传说，为神医扁鹊的医术增添一圈神秘的光环而已。不过我们从中可以看出，在古代人心目中，“心”是一个非常神奇的器官，它决定我们的生死，还能决定我们是谁。

也“死而复生”。

1932年，在美国海军服役的心脏病专家海曼，制造了一台由手摇驱动的电脉冲发生器，他用针型电极刺穿病人的胸膛，直接以电流刺激心脏，成功地把病人从死亡线上拉了回来。海曼把这个重达7.2千克的仪器称为“人工心脏起搏器”，这个新的术语也从此进入了现代医学词典。这台笨重的机器曾被保存在德国西门子公司陈列馆里，不幸在第二次世界大战中被炸毁。

1952年，哈佛医学院的佐尔把起搏器的电极装在病人的胸口，从体外对心脏进行电刺激，两天后病人心跳恢复了正常。这种方法虽然确有疗效，但是很容易烧伤病人的皮肤，而且要在有外接电源的地方

第一台植入式心脏起搏器，通过自带的小电池供电

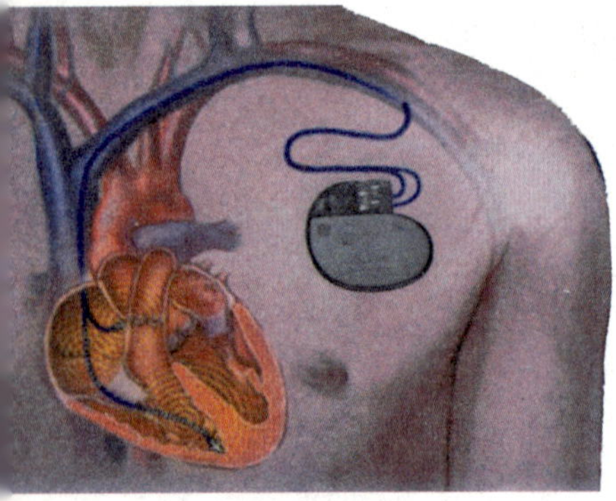
心脏起搏器植入示意图

才能使用。

其后，医生对心脏起搏器不断进行改进，便携式体外心脏起搏器、植入式心脏起搏器相继出现。1964年，荷兰医生卡托拉诺斯研制了按需心脏起搏器，这种起搏器是有“智能”的，可以判断什么时候需要发放电脉冲。当心跳失常时，起搏器就发放电脉冲，促使心脏正常跳动；当心跳正常时，起搏器就抑制电脉冲的发放，避免无谓的电能消耗。

今天，全世界已有无数的患者接受了心脏起搏器治疗，昔日一些让医生束手无策的心脏病，能够通过安装小小的心脏起搏器加以治疗。

2 换心术

有一些人心脏疾病非常严重，靠起搏器无法解决，于是有人想到：机器的零件坏了，只要换个新的就可以了。人要是能像机器一样，心脏因病无法工作了就及时换上一颗健康的，那该多好啊！

其实，在很早以前，人们就有了换心的想法。扁鹊剖腹换心的故事虽然不能信以为真，但至少说明早在几千年前，中国人就有了心脏移植的奇思妙想。然而，真正的换心术在19世纪末20世纪初才拉开序幕。

卡雷尔

当时，人们已经明白，想要换心成功，就必须把新心脏的血管和人体的血管完好对接、缝合在一起。为此，美籍法裔外科医生卡雷尔创建了一种新的血管缝合法，还用这种方法把一只小狗的心脏接到大狗颈部的血管上，结果小狗的心脏跳动了2小时。这可是从未有过的成功！由于卡雷尔在研究血管缝合术和器官移植方面作出了先驱性的贡献，1912年，他为美国赢得了第一个诺贝尔生理学医学奖。不过，此后又过了50年，心脏移植才真正在人身上获得成功。

1967年12月3日，一名25岁的年轻女子因车祸丧生。这个不幸的事故，竟成为无数心脏病人幸运的起点。当时，南非开普敦赫鲁特斯库尔医院的外科医生巴纳德不久前收治了一名54岁的病人，他患有动脉硬化性心脏病，已病入膏肓，心脏移植是挽救他生命唯一可能的方法。那一天，巴纳德成功地施行了世界上第一例人体心脏移植手术，让去世女子的心脏重新在这名病人的胸膛里跳动起来。病人手术后顺利地度过了17天，虽然最终肺炎夺去了他的第二次生命，但从此以后，心脏移植从一种“痴人说梦”的幻想进入了现代医学的实践领域。

1967年12月15日出版的美国《时代》杂志，巴纳德成为封面人物

不久，巴纳德又为第二名病人移植了心脏。这一次，病人活了18个月。1971年，他为一位病人做的心脏移植手术非常成功，病人直到20多年后才因卒中去世。在此后的数十年中，巴纳德马不停蹄地先后实施了70多例高难度的心脏移植手术。

2007年12月3日，许多人聚集在赫鲁特斯库尔医院，他们和全世界10多万人一样，因接受心脏移植而活了下来。40年前的那一刻与他们的生命息息相关，让他们有理由前来开展纪念活动。心脏移植以及其他器官移植手术正把“有的人死了，他还活着”的诗境变成现实。

3 没有心的人

心脏是如此重要，人如果没有心脏，一定会活不下去。可是在2011年，美国出现了一个没有心脏的大活人。这是怎么回事呢？要回答这个问题，我们需要首先了解心脏的作用。

心脏的作用就是把血液“泵”入血管，保证血液在身体中不停地循环流动，令

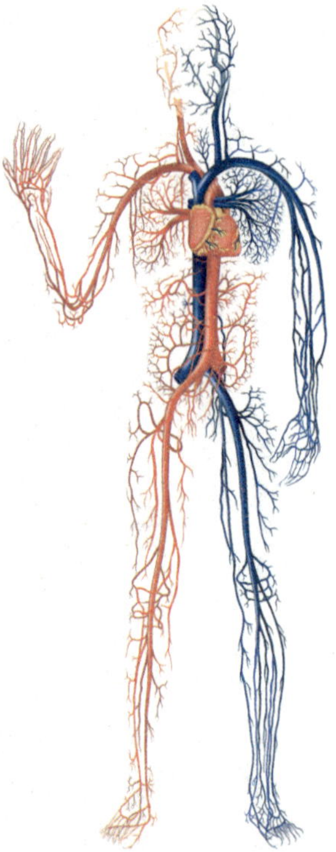

遍布全身的动脉（红）和静脉（蓝）示意图。这里只绘出部分，其实在身体大部分地方，有动脉的地方也会有静脉，两者是平行分布的

各个器官都有血液滋养，给器官和组织送去氧和营养物质，带走代谢产生的废物。如果没有血液的滋养，全身器官就会死亡。就连心脏的表面和内部，也分布着血管。全身的血液在血管里流动，24小时的总里程可达26万千米，比长江、黄河相加的总长度还多20倍！

血管分为三类：动脉、静脉和毛细血管。动脉和静脉与心脏连接。动脉把从心脏泵出的血液输送到全身各处，它通常包埋在身体深处，血流速度很快，血管壁厚、有弹性。静脉负责把身体各处的血液送回心脏，通常比较靠近身体表面。静脉虽然比动脉粗，但血管壁薄、弹性较差。静脉内具有一种特殊的结构——瓣膜，可以阻止血液倒流，保证血液只流向心脏。

毛细血管连接最小动脉和最小静脉，不断分支并互相吻合成网，分布在全身各处。毛细血管是新旧物质交换的场所。例如，肺部的毛细血管能在人的呼吸运动中将二氧化碳排出，将氧吸入，使血液变成鲜红的含氧血，再由心脏泵到全身各处，供给各个组织使用；肝脏部位的毛细血管能将肝脏制造的营养运送给其他需要的组织；肾脏部位的毛细血管能将人体代谢产生的尿酸、尿素等废物“排”出来；人的大脑需要大量

血液循环的发现
1553年，西班牙医生塞尔维特发现肺循环：右心室出来的动脉血通过肺转变成含氧丰富的静脉血，再回到左心房。
17世纪，英国医生哈维通过实验和计算，发现了血液循环规律：血液从左心室出来进入主动脉，经各级动脉流遍全身，再经过静脉流入右心房，又经过肺循环而流回左心房。他还猜测，可能有很细很细的小管子连接动静脉血管来完成循环。
1660年，意大利医生马尔皮基通过显微镜，在蛙的肠系膜与膀胱上发现了毛细血管，证实了血液确由动脉毛细血管流入静脉毛细血管。不久之后，荷兰人列文虎克通过显微镜也观察到了毛细血管。列文虎克还进一步指出，动脉和静脉的毛细血管在结构上完全一样。

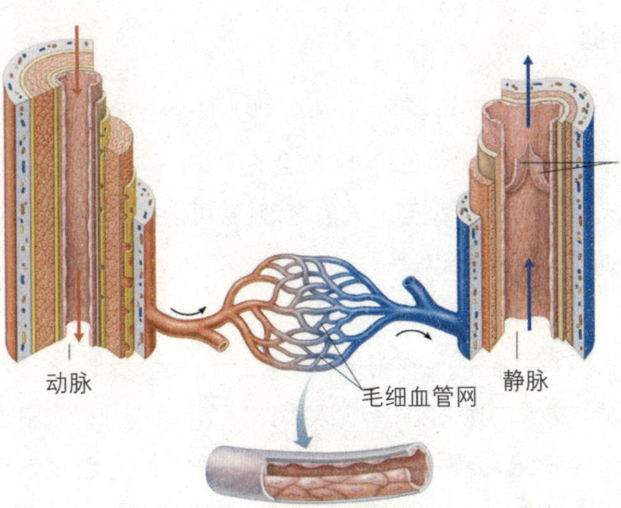

血管结构

的氧，流入脑组织的动脉血携带大量氧，也要通过这里的毛细血管交给脑组织。

了解心脏和血循环的关系之后，我们可以回头看看“无心人”是怎么回事了。2011年，美国55岁男子刘易斯患严重心脏衰竭，濒临死亡。为了保住他的性命，美国德克萨斯州心脏研究所的医生弗拉齐耶和科恩将那颗已经坏死的心脏摘除，然后为他安装了一个高科技的人造心脏。这其实是一台离心泵，取代心脏为身体泵血，从而使刘易斯在没有心脏的情况下也能完成血液循环。就这样，刘易斯活了下来，甚至在手术后的第二天就起身和医生交谈！不过，刘易斯今后再没有脉搏和心跳了，因为植入他体内的这种人造心脏不是像心脏那样通过有节律地搏动来泵血，而是像花园的水管一样，提供连续的血流。

如果按照传统的诊断标准，没有心跳的患者会被宣布死亡。但刘易斯的手术证明，人类的生理机能在没有心脏的情况下仍可以正常运转，前提是，有东西可以代替心脏为全身输送血液。

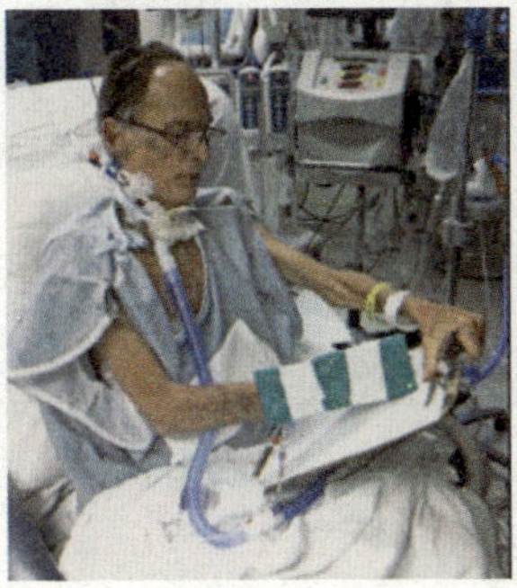
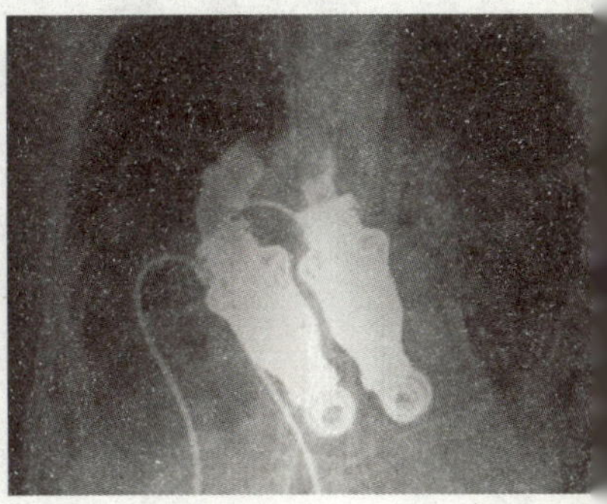
刘易斯（左）和他胸腔里的人造心脏（右）

4 安全输血

从“无心人”的故事我们可以知道，血液对人是多么重要。人和动物，无论多么健康，只要失去全身血液总量的一半，就会有生命危险。现在人们知道，在失血过多的情况下，只要输入同血型健康人的血液，就可以挽救生命。不过，关于如何安全地输血，经过了漫长的认识过程。

15 世纪，罗马人以为饮用血液可以治疗疾病，罗马教皇英诺森八世生病，连喝了 3 个男孩的血，结果包括他在内 4 个人全上了西天。到了 17 世纪，有医生把动物的血直接输入病人的血管中，不少人因此一命呜呼。此后，输血因为太危险而被禁止。直到 19 世纪，英国妇产科医生布伦德尔才重新尝试输血救人。他认为把动物的血输给人很危险，应该输人的血液，他还通过输血救了一名产后失血过多的产妇，这成为人类历史上成功输血的第一例。

在布伦德尔成功之后，输血成为抢救危重病人的手段，但是一些人输血后发生红细胞凝集，轻者休克，重者丧命。人们不清楚其中的原因，曾尝试用多种化学药品防止凝集，但都没什么效果。1900 年，奥地利病理学家兰德斯泰纳发现了 ABO 血型，提出只要输以同种血型的血，就不会发生红细胞凝集。此后，在每次输血前，医生都会检验双方的血型，因输“救命血”而丧命的人大大减少了。

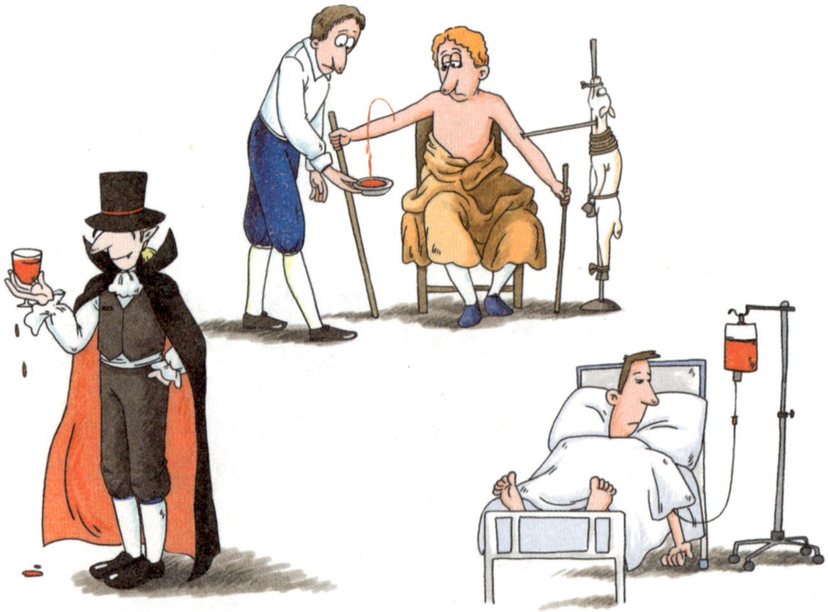

可是，关于输血安全的故事并没有结束。不久前，媒体报道了一个令人感伤的故事：一名2岁的小女孩因肚子疼被送到医院，经检查是肠坏死，于是医生给她紧急输血并进行了手术。手术后的几年里，小女孩时常发烧，免疫力越来越差。8岁时，在发烧长达50天后，她身上开始起疱疹，诊断为感染了艾滋病病毒。原来当年所输的血液中，含有致命的艾滋病病毒！

对输血来说，安全是第一位的

可见，当受血者输入的是携带病毒、寄生虫等的不健康血液时，救命的鲜血同样会变成害人的祸水。乙肝、丙肝、艾滋病、梅毒、疟疾、黑热病、丝虫病和弓形体病等都可通过输血传播，血液被细菌污染还会导致发生败血症。目前我国最主要的血液传播疾病有3种，感染率由高到低依次为乙肝、丙肝和艾滋病。输血的原则是保证安全和有效，其中安全是第一位的，并且提倡成分输血和自身输血。

成分输血与自身输血

传统的输血方法是不管病人需要什么血液成分都输注全血，其中弊端很多。成分输血是用物理学或化学的方法，将血液中各种有效成分，如红细胞、白细胞、血小板、血浆和血浆蛋白等分离出来，分别制成高浓度、高纯度的血液成分制剂，根据患者的病情，需要什么成分就输入什么成分，以达到治疗目的。成分输血具有一血多用、节约血源、有的放矢、疗效明显、不良反应少、便于保存和运输等优点。目前，医学界已将成分输血临床应用比例视为衡量一个国家、一个地区、一个医院掌握与运用现代医学技术水平高低的一个指标。

自身输血就是在手术前储存自己的血液，手术时就可以用自己的血救自己！推而广之，一些特殊人群，如血型特别稀有的人，也可以定期贮存自己的血液，以备不时之需。自身输血最大的好处就是安全性特别高，没有异体输血的种种隐患。目前，发达国家自身输血比例很高，我国也在推广当中。